同济博士论丛
TONGJI Dissertation Series
总主编 伍 江 副总主编 雷星晖

张志田 葛耀君 著

大跨度桥梁非线性抖振及其对抗风稳定性影响的研究

Nonlinear Buffeting Vibration and Its Effects on Aerostatic and Aerodynamic Stability of Long-Span Bridgess

同濟大學出版社
TONGJI UNIVERSITY PRESS

内容提要

本书是有关大跨度桥梁非线性抖振及抗风稳定性的研究著作，共7章内容，主要阐述了大跨度桥梁在线性抖振、非线性抖振的时域分析，风荷载的动力稳定性和静力稳定性等方面的内容。全书主要从风洞试验入手进行研究，建立了相关的模拟计算模型，并对理论数据和试验数据进行了比较，运用了大量的实验数据进行阐述，具有直观性和实践性。

本书适合桥梁工程、土木工程及相关专业的专业人士作为参考资料，也可供对此有兴趣的人士参考。

图书在版编目(CIP)数据

大跨度桥梁非线性抖振及其对抗风稳定性影响的研究 / 张志田，葛耀君著. —上海：同济大学出版社，2018.11

(同济博士论丛 / 伍江总主编)

ISBN 978-7-5608-6870-7

Ⅰ. ①大… Ⅱ. ①张… ②葛… Ⅲ. ①长跨桥—非线性振动—抖振—研究②长跨桥—非线性振动—风致振动—稳定性—研究 Ⅳ. ①U448.43

中国版本图书馆CIP数据核字(2018)第270274号

大跨度桥梁非线性抖振及其对抗风稳定性影响的研究

张志田　葛耀君　著

出 品 人　华春荣　　责任编辑　马继兰　熊磊丽

责任校对　谢卫奋　　封面设计　陈益平

出版发行　同济大学出版社　　www.tongjipress.com.cn

(地址：上海市四平路1239号　邮编：200092　电话：021-65985622)

经　　销　全国各地新华书店

排版制作　南京展望文化发展有限公司

印　　刷　浙江广育爱多印务有限公司

开　　本　787 mm×1092 mm　1/16

印　　张　11.75

字　　数　235 000

版　　次　2018年11月第1版　　2018年11月第1次印刷

书　　号　ISBN 978-7-5608-6870-7

定　　价　58.00元

"同济博士论丛"编写领导小组

“同济博士论丛”编辑委员会

总 序

在同济大学110周年华诞之际，喜闻“同济博士论丛”将正式出版发行，倍感欣慰。记得在100周年校庆时，我曾以《百年同济，大学对社会的承诺》为题作了演讲，如今看到付梓的“同济博士论丛”，我想这就是大学对社会承诺的一种体现。这110部学术著作不仅包含了同济大学近10年100多位优秀博士研究生的学术科研成果，也展现了同济大学围绕国家战略开展学科建设、发展自我特色，向建设世界一流大学的目标迈出的坚实步伐。

坐落于东海之滨的同济大学，历经110年历史风云，承古续今、汇聚东西，秉持“与祖国同行、以科教济世”的理念，发扬自强不息、追求卓越的精神，在复兴中华的征程中同舟共济、砥砺前行，谱写了一幅幅辉煌壮美的篇章。创校至今，同济大学培养了数十万工作在祖国各条战线上的人才，包括人们常提到的贝时璋、李国豪、裘法祖、吴孟超等一批著名教授。正是这些专家学者培养了一代又一代的博士研究生，薪火相传，将同济大学的科学研究和学科建设一步步推向高峰。

大学有其社会责任，她的社会责任就是融入国家的创新体系之中，成为国家创新战略的实践者。党的十八大以来，以习近平同志为核心的党中央高度重视科技创新，对实施创新驱动发展战略作出一系列重大决策部署。党的十八届五中全会把创新发展作为五大发展理念之首，强调创新是引领发展的第一动力，要求充分发挥科技创新在全面创新中的引领作用。要把创新驱动发展作为国家的优先战略，以科技创新为核心带动全面创新，以体制机制改革激发创新活力，以高效率的创新体系支撑高水平的创新型国家建设。作为人才培养和科技创新的重要平台，大学是国家创新体系的重要组成部分。同济大学理当围绕国家战略目标的实现，作出更大的贡献。

大学的根本任务是培养人才，同济大学走出了一条特色鲜明的道路。无论是本科教育、研究生教育，还是这些年摸索总结出的导师制、人才培养特区，"卓越人才培养"的做法取得了很好的成绩。聚焦创新驱动转型发展战略，同济大学推进科研管理体系改革和重大科研基地平台建设。以贯穿人才培养全过程的一流创新创业教育助力创新驱动发展战略，实现创新创业教育的全覆盖，培养具有一流创新力、组织力和行动力的卓越人才。"同济博士论丛"的出版不仅是对同济大学人才培养成果的集中展示，更将进一步推动同济大学围绕国家战略开展学科建设、发展自我特色、明确大学定位、培养创新人才。

面对新形势、新任务、新挑战，我们必须增强忧患意识，扎根中国大地，朝着建设世界一流大学的目标，深化改革，勠力前行！

万　钢

2017 年 5 月

论丛前言

承古续今，汇聚东西，百年同济秉持“与祖国同行、以科教济世”的理念，注重人才培养、科学研究、社会服务、文化传承创新和国际合作交流，自强不息，追求卓越。特别是近20年来，同济大学坚持把论文写在祖国的大地上，各学科都培养了一大批博士优秀人才，发表了数以千计的学术研究论文。这些论文不但反映了同济大学培养人才能力和学术研究的水平，而且也促进了学科的发展和国家的建设。多年来，我一直希望能有机会将我们同济大学的优秀博士论文集中整理，分类出版，让更多的读者获得分享。值此同济大学110周年校庆之际，在学校的支持下，“同济博士论丛”得以顺利出版。

“同济博士论丛”的出版组织工作启动于2016年9月，计划在同济大学110周年校庆之际出版110部同济大学的优秀博士论文。我们在数千篇博士论文中，聚焦于2005—2016年十多年间的优秀博士学位论文430余篇，经各院系征询，导师和博士积极响应并同意，遴选出近170篇，涵盖了同济的大部分学科：土木工程、城乡规划学(含建筑、风景园林)、海洋科学、交通运输工程、车辆工程、环境科学与工程、数学、材料工程、测绘科学与工程、机械工程、计算机科学与技术、医学、工程管理、哲学等。作为“同济博士论丛”出版工程的开端，在校庆之际首批集中出版110余部，其余也将陆续出版。

博士学位论文是反映博士研究生培养质量的重要方面。同济大学一直将立德树人作为根本任务，把培养高素质人才摆在首位，认真探索全面提高博士研究生质量的有效途径和机制。因此，“同济博士论丛”的出版集中展示同济大学博士研究生培养与科研成果，体现对同济大学学术文化的传承。

“同济博士论丛”作为重要的科研文献资源，系统、全面、具体地反映了同济大学各学科专业前沿领域的科研成果和发展状况。它的出版是扩大传播同济科研成果和学术影响力的重要途径。博士论文的研究对象中不少是“国家自然科学基金”等科研基金资助的项目，具有明确的创新性和学术性，具有极高的学术价值，对我国的经济、文化、社会发展具有一定的理论和实践指导意义。

“同济博士论丛”的出版，将会调动同济广大科研人员的积极性，促进多学科学术交流、加速人才的发掘和人才的成长，有助于提高同济在国内外的竞争力，为实现同济大学扎根中国大地，建设世界一流大学的目标愿景做好基础性工作。

虽然同济已经发展成为一所特色鲜明、具有国际影响力的综合性、研究型大学，但与世界一流大学之间仍然存在着一定差距。“同济博士论丛”所反映的学术水平需要不断提高，同时在很短的时间内编辑出版 110 余部著作，必然存在一些不足之处，恳请广大学者，特别是有关专家提出批评，为提高同济人才培养质量和同济的学科建设提供宝贵意见。

最后感谢研究生院、出版社以及各院系的协作与支持。希望“同济博士论丛”能持续出版，并借助新媒体以电子书、知识库等多种方式呈现，以期成为展现同济学术成果、服务社会的一个可持续的出版品牌。为继续扎根中国大地，培育卓越英才，建设世界一流大学服务。

伍　江

2017 年 5 月

前言

为了精确计算桥梁风致抖振响应，人们普遍关注的只是气动导纳的研究。然而，在影响桥梁抖振响应计算的诸多因素中，气动导纳只是其中的一个方面，抖振计算中还涉及气动刚度与气动阻尼的计算模型、结构几何非线性和抖振荷载非线性等因素。同样重要的一个问题是抖振响应对桥梁抗风稳定性的影响，包括动力失稳与静力发散。桥梁抖振响应与抗风稳定问题并非是相互独立的两个问题，它们是密切相关的，要实现任一方面的精确分析，两者不可缺一。

本书对大跨度桥梁非线性抖振计算和考虑抖振影响的静风稳定性以及颤振稳定性进行了研究，主要完成了以下几个方面的研究工作：

1. 从风洞试验入手，分析了现有最小二乘法识别气动导数的不足以及据此进行气动刚度和气动阻尼计算的误差。为此，本书建议采用准定常模型计算气动刚度、采用节段模型试验结果作为阻尼值，经理论计算与试验结果比较，该法具有较高的计算精度。

2. 采用现有频域线性抖振计算方法，以东海大桥与西堠门大桥为研究背景，对比分析了本书提出的抖振响应计算方法与 Scanlan 颤抖振方法的差异。

3. 完善了现有时域非线性抖振计算方法,通过与频域计算结果的对比,着重研究了几何非线性因素与静风预张力效应对大跨度桥梁抖振的影响。研究结果表明,几何非线性与静风预张力效应对抖振振幅的影响可能是导致目前抖振响应计算误差大的主要原因,忽略几何非线性与静风预张力效应将导致抖振振幅明显偏大。

4. 编制了时域内均匀流场中三维桥梁颤振稳定分析程序,并提出了采用有限范围内搜索的线性最优化方法来代替以往对预设初始向量相当敏感的非线性最小二乘法。

5. 在桥梁静风稳定性分析方面,采用超松弛迭代法分析了静风扭转发散的机理;提出了采用动力有限元法分析考虑脉动风抖振影响的桥梁静风稳定问题。研究结果表明,脉动风抖振对静风稳定性是有利的。

目 录

第1章 概述

自 1940 年美国塔科马悬索桥风毁事故以来，桥梁的风致响应问题越来越受到世界桥梁界工程师们的重视与关注。我国正处于一个跨海大桥兴建的阶段，跨海大桥有结构跨度大、柔性大、自振频率低、风荷载大的显著特点，因此，风荷载作用下其静动力响应问题尤其突出。目前为止，人们所关心的大跨度桥梁风致响应问题主要有以下五个方面，即颤振失稳、静风发散、随机抖振、涡激振动以及驰振失稳。

1.1 颤振失稳

桥梁颤振是一种空气动力失稳现象。当气流流经桥梁结构断面时，对于刚度小柔度大的大跨度桥梁，空气作用力表现为静力作用与动力作用两方面。风的动力作用激发了桥梁结构的振动，振动的结构又反过来影响空气的流动、改变空气力，从而形成风与结构的相互作用机制。当空气力受结构振动的影响较小时，空气的动力作用可以看作是一种强迫振动荷载；而当空气力受结构振动影响较大从而形成一个具有相互作用反馈机制的动力系统时，气动力表现为一种结构自激力的形式。当振动系统的机械阻尼与气动阻尼之和小于零时，则系统能量将不断增大一直到发散，桥梁结构这种空气动力失稳现象称为颤振失稳。

自1940年美国Tacoma大桥风毁事故以来，借助于航空的已有成就，各国学者致力于研究桥梁空气动力失稳的机理及防止桥梁颤振发散的气动措施。对于无分离流动的理想流线型断面的颤振，Theodorson、Bleich、Van der put等学者的研究已经形成较为完善的古典耦合颤振理论。实际工程中的加劲梁断面在来流作用下，大多会产生气流分离，这种有分离流的钝体断面，其颤振特性目前主要通过风洞试验来解决，理论上的计算也只能依赖于实验得出的气动导数来加以近似分析，即目前桥梁抗风中广泛使用的Scanlan自激力模型。随着计算机应用的发展，各国风工程界的学者们开始以计算流体力学CFD为基础对桥梁颤振的风场特性以及颤振机理展开研究。

1.1.1 古典耦合颤振

对于理想平板的非定常气动力，Theodorson于1935年用势流理论得出其表达式，即二维理想平板在均匀水平流中作微小振动所受到的非定常空气升力与升力矩可以表示为[89,100]：

$$L=-2\pi\rho b v^2\left\{C(k)\left[\alpha+\frac{\dot{h}}{v}\right]+\left[1+C(k)\right]\frac{b}{2}\frac{\dot{\alpha}}{v}\right\} \tag{1-1a}$$

$$M=\pi\rho b^2 v^2\left\{C(k)\left[\alpha+\frac{\dot{h}}{v}\right]+\left[1-C(k)\right]\frac{b}{2}\frac{\dot{\alpha}}{v}\right\} \tag{1-1b}$$

式中，ρ为空气密度；b为平板的半宽度；v为空气流速；h，α分别为截面竖向位移与扭转角；k为折算频率；$k=\omega b/v$，ω为振动的圆频率；$C(k)$为Theodorson函数，当用Bessel函数表示时，可写成$C(k)=F(k)+iG(k)$。

$$C(k)=1-\frac{0.165}{1-\dfrac{0.0455}{k}\cdot i}-\frac{0.335}{1-\dfrac{0.3}{k}\cdot i} \tag{1-2}$$

$$F(k)=1-\frac{0.165}{1+\left(\frac{0.0455}{k}\right)^2}-\frac{0.335}{1+\left(\frac{0.3}{k}\right)^2} \tag{1-3}$$

$$G(k)=-\frac{\frac{0.165\times 0.0455}{k}}{1+\left(\frac{0.0455}{k}\right)^2}-\frac{\frac{0.335\times 0.3}{k}}{1+\left(\frac{0.3}{k}\right)^2} \tag{1-4}$$

实用上，Theodorson 函数可用 R. T. Yones 的近似表达式。

1948 年，Bleich 将 Theodorson 形式的理想平板气动力应用到桁架悬索桥梁的颤振分析中，并首次建立了悬索桥古典耦合颤振分析方法[19]。Bleich 认为桁架悬索桥中桥面接近于一块平板，而空腹桁架上所受的空气力相对较小可忽略不计。此时悬索桥桥面的二维颤振微分方程可写成：

$$m\ddot{h}+m\omega_h^2(1+ig_h)\cdot h=L \tag{1-5a}$$

$$I\ddot{\alpha}+I\omega_\alpha^2(1+ig_\alpha)\cdot\alpha=M \tag{1-5b}$$

式中，m，I 分别为桥面每延米的质量与质量惯性矩；ω_h，ω_α 分别为悬索桥的弯曲基频与扭转基频；$g_h=\frac{\theta_h}{\pi}=2\zeta_h$，$g_\alpha=\frac{\theta_\alpha}{\pi}=2\zeta_\alpha$ 分别为弯曲及扭转振动的复阻尼系数。

1967 年，Kloppel 和 Thiele 将 Bleich 的悬索桥古典耦合颤振理论的逐次逼近求解过程编制成计算机程序，引入无量纲参数后分别绘制成不同阻尼比下的诺谟图，有了诺谟图就可以较为方便地查出根据古典耦合颤振理论求出的颤振临界风速。为了考虑实际桥梁结构断面并非理想薄平板而带来的差异，他们又通过试验确定出一系列断面形状修正系数对平板颤振临界风速进行修正。1976 年，Van der Put 注意到在影响古典耦合颤振临界风速的各种因素中，可以偏安全地忽略结构阻尼的影响，同时临界风速与扭弯频率比可近似表示为线性关系，进而推导出桥梁古典弯扭耦合颤振临界风速的近似计算公式：

$$U_{cr}=\eta\left[1+(\varepsilon-0.5)\sqrt{\frac{r}{b}0.72\mu}\right]\omega_{b}b \tag{1-6}$$

式中，ε 为扭弯频率比；r 为断面回旋半径；μ 为结构相对空气的质量比[$\mu=m/(\pi\rho b^2)$]；η 为断面形状修正系数；b 为半桥宽。

古典耦合颤振理论只适合于流线型断面桥梁，该类桥梁气流绕流形态接近平板情况，能够满足 Theodorson 形式非定常气动力成立的前提条件。

1.1.2 分离流颤振

绝大多数桥梁的断面是非流线型的，当气流流经振动的非流线型断面时，在迎风面的棱角处将发生分离，同时产生旋涡脱落，此时，用基于势流原理的 Theodorson 公式不能再正确地描述作用在桥梁断面上的非定常气动力。

为解决非流线型断面的分离流颤振问题，Scanlan 和 Tomko 在 1971 年提出了包含 6 个通过试验测得颤振导数的非定常气动力表达式[51,55]：

$$L_{ae}=\frac{1}{2}\rho U^2B\left[K\mathrm{H}_1^*(\mathrm{K})\frac{\dot{h}}{U}+K\mathrm{H}_2^*(\mathrm{K})\frac{B\dot{\alpha}}{U}+K^2\mathrm{H}_3^*(\mathrm{K})\alpha\right] \tag{1-7}$$

$$M_{ae}=\frac{1}{2}\rho U^2B^2\left[K\mathrm{A}_1^*(\mathrm{K})\frac{\dot{h}}{U}+K\mathrm{A}_2^*(\mathrm{K})\frac{B\dot{\alpha}}{U}+K^2\mathrm{A}_3^*(\mathrm{K})\alpha\right] \tag{1-8}$$

式中，K 为折算频率，$K=B\omega/U$；$\mathrm{H}_i^*(\mathrm{K})$，$\mathrm{A}_i^*(\mathrm{K})$ 为通过试验测得的气动导数，分别为折算频率 K 的函数。

有了通过气动导数表示的自激力模型后，就可以通过半逆解法求得结构的颤振临界风速与颤振振动频率。Scanlan 所建立的颤振分析方法既可以求解古典弯扭耦合颤振问题，又可以用于分离流颤振问题，但其自激力模型成立有两个假设前提，其一为线性化假定，即小幅振动假定；其二为攻角不变假定，这一假定在一定程度将气动力定常化。

1.1.3 三维颤振分析

三维颤振分析方法，仍然以 Scanlan 的分离流颤振理论为基础。频域内颤振方程的求解，国内外学者进行了大量的研究，到目前为止，其求解方法大致可分为两类。第一类为基于结构固有模态坐标的分析方法，称为多模态颤振分析方法，Agar 和 Beith 将系统颤振运动方程转化为不对称实矩阵的特征值问题进行颤振分析，分析中必须进行两组参数搜索的迭代求解[58,59,9]。Namini 提出了用于多模态颤振分析的 PK－F 法，特点是求解非线性方程组，能给出结构颤振发生的全过程结果[7]。陈政清将颤振分析问题转化为复矩阵的广义特征值问题，并提出了多模态单参数的颤振分析方法，该法对于无结构阻尼的情况时不需要迭代，并且指出桥梁结构颤振中高阶模态的参与具有正、负两方面的作用[88]。Jain 也将颤振运动方程转化为特征值问题，但通过求解其特征多项式的实部和虚部方程进行颤振分析[8]。这一类方法都采用了 Scanlan 的线性自激力模型，且都需要两参数搜索或迭代过程。

另一类方法是基于结构有限元全模型的物理坐标。这类方法叫做全模态颤振分析方法或颤振全阶分析方法。Miyata 和 Yamada 最早提出直接颤振分析方法，由于该法忽略了结构阻尼对颤振的影响[62,61]，因而颤振分析中不需要进行迭代搜索过程，但计算量大。Dung 进一步发展了该直接颤振分析方法[42]，求解特征方程时采用模态追踪技术，在一定程度上提高了计算效率，但仍然不能有效地考虑结构阻尼的影响。葛耀君提出了能全面考虑结构阻尼影响的三维颤振全模态分析方法[78]，该法为双参数搜索分析方法。

基于模态坐标的频域颤抖振分析方法有简单、高效的优点，但不能考虑非线性因素的影响，如气动力非线性、结构非线性以及紊流对颤振的影响等。相比之下，时域的方法尽管有其计算量大的缺点，但能克服频域分析的不足之处，因此，在计算条件允许的情况下，时域分析为桥梁颤抖振分析的有力工具。

Lin 和 Bucher 等用随机稳定的方法研究了紊流对桥梁结构颤振稳定性以及抖振响应的影响，该方法是基于时域分析的方法[14,15,46,79,80,82]。最初，Scanlan 将 Wagner 在航空中提出的经典阶跃函数的概念引入到桥梁中，提出用阶跃函数来描述任意运动作用于桥梁的气动力表达式[54]。以扭转为例，其最终表达式为：

$$M_\alpha = \frac{1}{2}\rho U^2 (2B)^2 \frac{\mathrm{d}C_M}{\mathrm{d}\alpha}\left[X_{M\alpha}\,\dot{\alpha}(s) + \int_0^s \phi_{M0}(s-\tau)\,\dot{\alpha}(\tau)\,\mathrm{d}\tau\right] \quad (1-9)$$

式中，$s = Ut/B$ 为无量纲时间；$\mathrm{d}C_M/\mathrm{d}\alpha$ 为静力扭转系数对扭转角的导数；$X_{M\alpha}$ 为待定系数；$\phi_{M0}(s)$ 为气动力阶跃函数，该函数在航空中可用 Wagner 函数表示。

Scanlan 构造了如下气动力阶跃函数应用于桥梁分析中：

$$\phi_{M0}(s) = 1 + C_1 e^{C_2 s} + C_3 e^{C_4 s} \quad (1-10)$$

式中，C_1，C_2，C_3，C_4 为待定系数。

式(1-10)中的待定系数可用实测的颤振导数并用最小二乘法进行拟合得到。由于 Wagner 函数的特点，使得气动力耦合项的阶跃函数表达式的确定比较困难，因而该法应用于桥梁结构颤振分析有一定的局限性。

Y. K. Lin、Bucher 提出了一种以单位脉冲响应函数表示的自激力模型，该模型可以完善地描述三个方向的耦合气动力[14,15,46,80]。其基本表达式如下：

$$L_{se}(t)=\int_{-\infty}^{t} f_{L_h}(t-\tau)h(\tau)\mathrm{d}\tau+\int_{-\infty}^{t} f_{L_\alpha}(t-\tau)\alpha(\tau)\mathrm{d}\tau \tag{1-11}$$

$$M_{se}(t)=\int_{-\infty}^{t} f_{M_h}(t-\tau)h(\tau)\mathrm{d}\tau+\int_{-\infty}^{t} f_{M_\alpha}(t-\tau)\alpha(\tau)\mathrm{d}\tau \tag{1-12}$$

式中，$f_{X_y}(t-\tau)$表示单位脉冲响应函数。

1.2 驰 振

驰振是具有特殊横截面形状的细长结构的不稳定风致振动，这些截面形状如矩形、D形等，裹冰的电缆或在风雨共同作用下的斜拉桥拉索，由于其原来的圆形截面受到改变而不再保持为圆形截面，因而容易发生驰振现象。此类的细长结构一旦发生驰振现象，在垂直于气流的方向会表现出大振幅的振动，其振幅可达到10倍以上的横截面直径，而振动频率则远低于相同截面的旋涡脱落频率。尽管桥梁的拉索振动问题并不会导致如颤振引起的毁灭性失稳，但其振动对桥梁结构的局部破坏以及疲劳问题起着至关重要的作用。

驰振本质上是一种非线性振动，G. V. Parkinson对驰振的非线性性质进行了阐述并对驰振模型进行了关键性的讨论。但经验证明，在静态条件下所得到的横截面平均升力系数与阻力系数随攻角的变化，已经足以作为建立对驰振现象满意的解析描述的基础。也就是说，驰振基本上是由准定常力控制的。

驰振现象一般具有二维性质，从三分力对结构运动的影响入手，可得出以下非齐次方程：

$$m[\ddot{y}+2\zeta\omega_1\dot{y}+\omega_1^2 y]=-\frac{1}{2}\rho U^2 B\left(\frac{\mathrm{d}C_L}{\mathrm{d}\alpha}+C_D\right)_0\frac{\dot{y}}{U} \tag{1-13}$$

式中，y 为横风向位移；m 为质量；C_L 为阻力系数；C_D 为升力系数；B 为特征尺度；U 为来流速度；ρ 为空气密度；α 为风的有效攻角。

式(1-13)中，右边的气动力项可以看作对阻尼的贡献，因此可以把它移到方程左边合并成等效阻尼，合并后的总阻尼为：

$$d=2m\zeta\omega_1+\frac{1}{2}\rho UB\left(\frac{\mathrm{d}C_L}{\mathrm{d}\alpha}+C_D\right)_0 \tag{1-14}$$

如果 d 大于零，系统的振动是稳定的；如果 d 小于零，则系统振动是不稳定的，即在初始的微小扰动下其振动是发散的。这就是著名的 Den Hartog 判别依据。

1.3 静风失稳

大跨度桥梁的静风失稳，是指桥梁主梁或主拱在静力风荷载作用下发生弯曲和扭转失稳现象。随着变形的增加，结构的整体刚度将不断改变(如承受巨大轴向压力的斜拉桥加劲梁在侧向弯曲变形作用下，由于偏心距的增大，其刚度将迅速减小)；另一方面，随着结构变形的增加，静风荷载也呈现非线性的增长，即在风速不变的情况下，静风荷载也是结构变形的函数。对于悬索桥或斜拉桥加劲梁来说，静风荷载主要受扭转角的影响。当由于结构变形引起的抗力增量小于外荷载增量时，就会发生结构失稳[64,89,97]。

扭转发散现象最初是和飞机的机翼在超过某一风速时被扭毁的事故密切相关。类似于机翼，桥梁结构在风的作用下会受到阻力、升力和扭转力矩，并且产生一定的变形以反抗这些力的作用。随着风速的增加，扭转力矩进一步增大，于是结构扭转角进一步增加，而结构扭转变形的增大进一步增加了风对结构的有效攻角，从而又使扭转外力矩增大。最后，当达到某一级风速时，外力矩的增加与结构抗力矩的增大形成一种不稳定的状态，结构出现扭转发散。这是一个静力稳定问题，在结构力学上类似于柱的扭曲失稳问题。结构是否发生扭转发散取决于结构的抗力矩与气动力矩随扭转发展的形式，而不取决于结构的极限强度。

桥梁结构的断面形式比较复杂，气动扭矩与结构抗力并不一定服从上述的简单趋势。根据具体的气动力矩与攻角的关系，有时结构可以避免扭转发散的发生[89]。大多数土木工程的实际问题中，临界发散风速非常高，远远超过设计所考虑的风速范围。然而，对于大跨度桥梁结构而言，由于跨径的不断增长，结构进一步柔性化，如已建的日本明石海湾桥（主跨 1 991 m）、设计中的意大利墨西拿海峡桥（主跨 3 300 m）以及规划中的直布罗陀海峡桥（主跨 5 000 m），这一类桥梁的静风稳定问题将会显得十分突出，其静力扭转发散的临界风速有可能低于颤振临界风速。

1.4　随机抖振

桥梁结构的抖振现象可大致分为三类[4]，即有结构物自身尾流引起的抖振、其他结构物特征紊流引起的抖振和自然风中的脉动成分引起的抖振。在这三者之中，大气中脉动风引起的抖振响应占主要地位，因而通常所说的桥梁抖振分析理论主要是针对大气紊流引起的抖振。近四十多年来，国内外学者对大气紊流引起的桥梁结构抖振响应进行了大量的研究，概括起来，主要有三种，即 Y. K. Lin 随机抖振理论、Davenport 抖振理论、Scanlan 颤抖振理论。Y. K. Lin 以随机理论为基础，首先提出了用 Ito 随机微分方程来研究桥梁结构在紊流作用下的随机稳定性问题，继而建立了桥梁抖振的随机分析方法[79,82]。Y. K. Lin 将自激力系数作为时变随机系数考虑，在某些方面是对 Scanlan 理论中自激力为常数的分析方法的修正。Y. K. Lin 随机抖振理论着重于研究紊流对结构的颤振稳定的影响[14,15,46,80]。1962 年，Davenport 将 Sears 函数和 Liepmann 的机翼抖振理论应用到桥梁结构的抖振响应分析中[1]，该理论以 Davenport 脉动风谱为基础，提出了修正静力三分力的气动导纳概念，建立用气动导纳表示的抖振力功率谱密度。基于随机振动理论，采用振型分解法求得结构水平、垂直等响应的均方差，最后用峰值系数建立响应方差与结构最大抖振响应的关系[1,3]。Davenport 抖振理论贡献主要在于提出了气动导纳的概念，从而使抖振力计算模型更加符合实际情况。对于自激力，该理论只考虑了气动阻尼的影响而忽略了气动刚度的影响以及气动耦合效应。Scanlan 在颤振导数试验方法与脉动风谱统计方法的基础上，建立了脉动风作用下悬索桥、斜拉桥抖振响应分析的 Mode-by-Mode 方法[51,52]，以后又经 Anurag Jain、Nicholas P. Jones、Hiroshi Katsuchi 等将其发展为多振型耦合抖振理论[6,8]，该理论较全面地考虑了气动阻尼与气动刚度对桥梁抖振响应的影响，即考虑了自激力对抖振的影响，因而称为颤抖振理论。Scanlan 没有考虑气动导纳的影响，后 Hiroshi Katsuchi 对其进行考虑气动导纳影响的修正，并将其应用到明石海峡桥（AKASHI-KAIKYO）的抖振响应分析中[26,30]。

Davenport 抖振力模型用阻力、升力与升力矩表示如下：

$$D_b(t)=\frac{1}{2}\rho U^2 B\left(2C_D\frac{u(t)}{U}+C_D'\frac{w(t)}{U}\right) \tag{1-15a}$$

$$L_b(t)=\frac{1}{2}\rho U^2 B\left(2C_L\frac{u(t)}{U}+(C_L'+C_D)\frac{w(t)}{U}\right) \tag{1-15b}$$

$$M_b(t) = \frac{1}{2}\rho U^2 B^2\left(2C_M \frac{u(t)}{U} + C'_M \frac{w(t)}{U}\right) \tag{1-15c}$$

式中，ρ 为空气密度；C_L，C_D，C_M分别为升力、阻力与升力矩系数；C'_L，C'_D，C'_M分别为升力、阻力、升力矩系数对攻角 α 的导数，这些都可在风洞试验室由测力试验测得；U 为平均风速，u、w 分别为水平向及垂直向的脉动风速。

Davenport 抖振力模型的特点是将结构刚性化，忽略结构与气流之间的相互影响以及特征紊流对结构抖振的影响。此外，脉动风本身的高阶项部分也被忽略掉。Scanlan 等通过基于试验的自激力模型来修正结构的刚度矩阵与阻尼矩阵，在 Davenport 抖振模型的基础上进一步考虑了结构与气流之间的相互影响。其自激力表达式如下：

$$D_{ae} = \frac{1}{2}\rho U^2(2B)\left[KP_1^* \frac{\dot{p}}{U} + KP_2^* \frac{B\dot{\alpha}}{U} + K^2P_3^*\alpha + K^2P_4^* \frac{p}{B} + KP_5^* \frac{\dot{h}}{U} + K^2P_6^* \frac{h}{B}\right] \tag{1-16a}$$

$$L_{ae} = \frac{1}{2}\rho U^2(2B)\left[KH_1^* \frac{\dot{h}}{U} + KH_2^* \frac{B\dot{\alpha}}{U} + K^2H_3^*\alpha + K^2H_4^* \frac{h}{B} + KH_5^* \frac{\dot{p}}{U} + K^2H_6^* \frac{p}{B}\right] \tag{1-16b}$$

$$M_{ae} = \frac{1}{2}\rho U^2(2B^2)\left[KA_1^* \frac{\dot{h}}{U} + KA_2^* \frac{B\dot{\alpha}}{U} + K^2A_3^*\alpha + K^2A_4^* \frac{h}{B} + KA_5^* \frac{\dot{p}}{U} + K^2A_6^* \frac{p}{B}\right] \tag{1-16c}$$

式中，ρ 为空气密度；U 为平均风速；K $(K = \omega B/U)$ 为折算频率；H_i^*，P_i^*，A_i^* $(i = 1 \sim 6)$ 为加劲梁断面颤振气动导数，在各级风速下可由风洞试验室测得。

基于频域内的抖振响应方差具体求解方法有 CQC 法、SRSS[57]法以及虚拟激励法[32,71,83]三种,其中CQC(complete quadratic combination)法考虑模态与模态之间的耦合,是一种精确的计算方法,但其计算量相当大,因此使用CQC法求解其于有限元的大型结构抖振响应时,须付出昂贵的计算代价;SRSS(square root of the sum of squares)法忽略了模态与模态之间的耦合效应,因而与CQC法相比,其计算量大大减小,但对于大跨度桥梁结构,其自振频率密集,彼此之间相距很近,此时使用SRSS法求解会带来相当大的误差,因而SRSS法的求解效率是以牺牲精度为代价的;虚拟激励法由林家浩提出,与CQC法及SRSS法相比,其求解效率大大提高,而精度却是与CQC法完全相同的。事实上,虚拟激励法与CQC法相比,其求解物理意义基本没有什么区别,其计算量大大减小的原因是虚拟激励法求解的数学过程是先求和再相乘,而CQC法是不求和而展开求各项之积后再相加,因而当参与模态很多且激励不相关时,其计算量相差大约为参与模态数的平方倍[111]。

Davenport抖振理论与Scanlan颤抖振理论是基于固有模态的频域分析方法,对于线性结构,这些方法都是简单实用而高效的方法,因而长期以来大跨度桥梁结构的抖振响应分析都是在频域内进行的。频域分析方法的局限性在于不能考虑结构的非线性因素以及气动力非线性因素。Y. K. Lin随机稳定理论是一种基于时域的分析方法,近年来,对于桥梁结构抖振响应时域分析,项海帆[16]、Boonyapinyo V.[65]、Xinzhong Chen、Masaru Matsumoto、Ahsan Kareem[72-76]以及曹映泓[90]、刘春华[102,103]等作了系统的尝试与研究。

1.5 涡激振动

早在1898年,Strouhal研究了风竖琴的现象,他通过实验发现当流体绕过圆柱体后,在尾流中将出现交替脱落的漩涡,并且漩涡脱落频率f,风

速 v 和圆柱体的直径 d 之间有一定的关系：

$$S_t = \frac{fd}{v} \tag{1-17}$$

无量纲数 S_t 称为 Strouhal 数。Strouhal 数并非不变的常数，它随着 Reynold 数的变化而变化。

其他的钝体断面如方形、矩形或各种桥梁断面都有类似的漩涡脱落现象。当钝体断面受均匀流作用时，截面背后的周期性漩涡脱落将产生周期变化的空气作用力——涡激力。其涡激频率为：

$$f_v = S_t \frac{v}{d} \tag{1-18}$$

式中，d 为截面投影到与气流垂直的平面上的特征尺度。当被绕流的物体是一振动体系时，周期性的涡激力将引起结构的涡激振动，并且在漩涡脱落频率与结构的自振频率一致时将产生涡激共振。

漩涡脱落频率与风速呈线性关系，因此涡脱频率与结构某一频率共振的条件只在某一风速下能被满足，然而，一旦涡激共振产生，则结构的振动频率对漩涡的脱落频率有反馈的作用，这种反馈作用使得漩涡脱落的频率在相当长的风速范围内被结构的振动频率所“俘获”，从而产生“锁定”现象。

从涡激共振的表现形式来看，它是一种带有自激性质的强迫振动。涡激共振主要有五个方面的特征：首先它是一种较低风速下发生的有限振幅振动；只在某一风速区间内发生；最大振幅对阻尼有很大的依赖性；涡激响应对断面形状的微小变化很敏感；涡激振动可以激起弯曲振动，也可以激起扭转振动。

工程应用中，除了以上有关涡激共振的性质外，人们更关心的是涡振振幅的计算问题。而解决涡振振幅的关键问题是确定涡激力的解析表达式。至今，涡激力的经典解析表达式主要有以下几种：

简谐力模型——假定涡激力是和升力系数成正比的简谐力，这一模型的主要缺点是不能正确反映涡振振幅随风速的变化关系。

升力振子模型——20 世纪 60 年代，Scruton 提出升力振子模型，升力振子模型将升力系数考虑为随时间变化的函数，具有范德波尔振荡特征，小振幅时阻尼小，大振幅时阻尼大。这一模型的主要缺点是模型参数的确定需要大量的试验，而升力系数随时间的变化规律需要通过测压试验的数据来仔细分析，而测压时结构阻尼特性的影响使得难以得到理想的实验数据。

经验线性模型——Simiu 与 Scanlan 于 1986 年提出一种经验线性模型，这一模型假定一个线性机械振子给予气动激振力、气动阻尼以及气动刚度。该模型通过线性的函数来描述漩涡脱落这种非线性气动现象，带有一定的近似，且与简谐力模型一样不能解释锁定现象。

经验非线性模型——在经验线性模型的基础上，Ehsan 与 Scanlan 于 1990 年通过增加一个非线性的气动阻尼项，把涡激力的描述引入到非线性的范围内，提出了经验非线性模型，这一模型除了增加一个非线性阻尼项外，与经验线性模型没有本质上的区别。

广义经验非线性模型——经验非线性模型的计算结果与风洞试验结果有一定偏差，为了弥补这种不足，Larsen 于 1995 年在经验非线性模型的基础上，通过引入一个形状系数，提出了广义经验非线性模型，同经验非线性模型相比，广义经验非线性模型的计算结果更加贴近风洞试验的试验结果。

为了解释锁定区内振动变化规律，同济大学葛耀君、李永君建立了一种新的二维涡振计算模型[101]。从锁定现象的机理入手，该模型认为在锁定区内涡脱频率锁定于结构的自振频率，不随风速而变化，但漩涡移动折算频率却随风速的增加而增大，这两个频率的几何平均值决定的涡激合力与涡激扭矩的作用频率。该模型通过引入“漩涡移动速度”这一重要概念对锁定现象的机理做出了较为合理的解释。

1.6　主要研究目的与内容

通过回顾大跨度桥梁在风荷载作用下静动力稳定及抖振响应的分析方法以及其中存在的问题，本书试图建立一种物理意义明确的，引进结构气动刚度与气动阻尼矩阵的方法，继而将修正后的结构运动方程用于桥梁非线性抖振响应，并在传统的静风稳定和颤振稳定分析模拟中研究非线性抖振的影响。

第 2 章详细分析现在桥梁颤抖振分析及静风稳定分析方法中存在的若干问题，结合具体工程实例进行分析并提出桥梁抖振及静风稳定分析新的刚度修正及阻尼修正方法。

第 3 章详细阐述了本书所提出的频域抖振响应计算力学模型并将其应用到东海大桥与西堠门大桥的抖振响应计算中。在计算结果上，与传统抖振计算的方法进行了对比与分析，并与全桥气弹模型试验结果进行了比较。

第 4 章介绍了本书时域抖振计算模型，以工程应用为背景，详细探讨了大跨度桥梁抖振响应分析方法之间的差异以及频域、时域抖振响应计算结果的对比，进而找出影响桥梁抖振响应计算精度的主要因素。

第 5 章提出本书时域自激力表达式中的非线性最优化方法及其在东海大桥与西堠门大桥颤振稳定分析中的应用。

第 6 章系统地研究了静力非线性迭代法、模态叠加法与动力有限元法三种理论模型在桥梁静风稳定分析中的应用，并对脉动风引起的非线性抖振对静风稳定的影响进行了分析。

第 7 章对本书主要研究成果进行总结及对今后需要进一步研究的方向进行了展望。

第2章

气动刚度与气动阻尼确定

长期以来，人们在考虑桥梁风致动力响应以及风致静力响应时，都是把两者独立考虑，所采用的力学计算模型也互不相关。在静风稳定计算中，主要是采用三分力系数，而结构是否会发散的关键因素是三分力系数对结构扭转角度的导数，这个导数可以理解为广义的“气动导数”。在动力响应计算中，如果不考虑结构运动对风场的反馈作用，则 Davenport 抖振力表达式加上平均风荷载能近似表达结构所受风荷载。而考虑结构运动与风场反馈作用引起的附加力时，则采用 Scanlan 自激力表达式加上 Davenport 抖振力以及平均风荷载来描述全部风荷载。Scanlan 自激力表达式是基于试验的最小二乘法拟合结果。只要总的拟合方差足够小，我们可以认为这一表达式可以近似表示某一特定时段内结构所受的由于反馈引起的附加力时程，此时，我们不再关心表达式中某一单个拟合系数（气动导数）的物理意义。尽管在形式上，每个拟合系数（气动导数）都有其物理意义，即位移时程前的拟合系数表现为刚度而速度时程前的拟合系数表现为阻尼，然而在将这些拟合系数（气动导数）用于其他分析研究中如频域抖振响应与静风稳定时，则要求每一系数都能真实反映该运动状态（位移或速度时程）对总附加力（自激力）的单独贡献，否则导致不正确的计算结果。现在问题的关键是，我们根本无法证明每一拟合所得的气动导数在物理意义上的正确性，除非结构所受的自激力能且只能用所选用的运动状态来线性表达，而且无试验误差(此时拟合方差为 0)。正因为如此，基于准定常三分力的扭转发散静力计算模型与 Scanlan 颤抖振动力计算模型必然存在力学上的矛盾。而本章的目的是揭示这一矛盾，并提出一种新的力学模型将其应用到桥梁抖振计算与静风稳定分析中，这就是新的气动刚度计算模型。

2.1　非定常模型

风荷载作用下桥梁结构的运动方程为：

$$M\ddot{\alpha}+C(t,\alpha)\dot{\alpha}+K(t,\alpha)\alpha=F(t) \tag{2-1}$$

由于桥梁所受的升力矩是与结构扭转姿态相关联的，因而结构在给定风速下的扭转运动必定带来有效刚度 K 值的变化，其修正量通常与风速的平方成正比。倘若修正方向是朝有效刚度减小的方向发展，则总会存在一个风速 U_{cr} 使得有效刚度矩阵 K 奇异，此时意味着结构完全失去扭转恢复力，在外荷载作用下必然出现发散。平均风效应相当于给结构增加了一个势流场，在重力场与附加势流场共同作用下，结构的刚度特性或者频率特性将随附加势流场的变化而变化，至于是增大还是减小或者是线性还是非线性关系则由实际的三分力特性决定。

同样，在风荷载作用下结构的阻尼也具有非线性时变特性，与刚度的修正相比，阻尼的影响因素更多，如竖向、侧向、扭转的速度以及扭转位移等。因而其修正也显得复杂得多。

要解决桥梁结构在风荷载作用下的静动力响应(颤振、抖振、涡振以及扭转发散等)，首先必须从其所受的风荷载着手进行研究，因此可以将风荷载作用下结构运动方程表达如下：

$$M\ddot{X}+C\dot{X}+KX=F(X,\dot{X},\ddot{X},U_{\mathrm{T}}) \tag{2-2}$$

式中，M为结构质量矩阵；C为结构阻尼矩阵；K为结构刚度矩阵；F为系统所受的风荷载列向量；X为结构位移列阵，$X=\{x,y,z,\alpha_x,\alpha_y,\alpha_z\}^{\mathrm{T}}$，$U_{\mathrm{T}}$为瞬时风速，通常情况下$U_{\mathrm{T}}=U_{\mathrm{T}}(x,y,z,t)$，对于大跨度桥梁结构，如果只考虑加劲梁竖向($h$)、侧向($p$)及轴向扭转($\alpha$)运动对风荷载的影响，且忽略加速度项的影响，则式(2-2)可以重写为：

$$M\ddot{X}+C\dot{X}+KX=F(h,\dot{h},p,\dot{p},\alpha,\dot{\alpha},U_{\mathrm{T}}) \tag{2-3}$$

倘若式(2-3)右边的气动力可以分解为与结构运动状态无关联以及与结构运动状态有关联的两部分，并分别用F_U与F_{se}表示，则式(2-3)可以重写为：

$$M\ddot{X}+C\dot{X}+KX=F_U(U_{\mathrm{T}})+F_{\mathrm{se}}(h,\dot{h},p,\dot{p},\alpha,\dot{\alpha},U_{\mathrm{T}}) \tag{2-4}$$

不失一般性考虑无风偏角的情况，风荷载作用下加劲梁上某一点的风荷载可以分解成三个方向的分力，即阻力、升力与升力矩。

加劲梁上任意一点单位长度与结构运动状态无关的定常部分可以按风轴坐标系改写成如下三分力的形式：

$$D_U=\frac{1}{2}\rho U_{\mathrm{T}}^2C_D(\alpha_{\mathrm{T}})B \tag{2-5a}$$

$$L_U=\frac{1}{2}\rho U_{\mathrm{T}}^2C_L(\alpha_{\mathrm{T}})B \tag{2-5b}$$

$$M_U=\frac{1}{2}\rho U_{\mathrm{T}}^2C_M(\alpha_{\mathrm{T}})B^2 \tag{2-5c}$$

式中，U_{T}为风速；ρ为空气密度；α_{T}为风攻角；B为参考宽度；C_D为阻力系

数；C_L为升力系数；C_M为升力矩系数。

式(2-5)三式可以进一步按平均风U、顺风向脉动风$u(t)$、竖向脉动风$w(t)$展开为平均风荷载与脉动风荷载两部分，其推导过程这里不再详述，省略脉动风荷载部分的高阶项可得 Davenport 抖振力模型如下：

$$D_{\mathrm{b}}(t)=\frac{1}{2}\rho U^2 B\left[2C_D\frac{u(t)}{U}+C_D'\frac{w(t)}{U}\right] \tag{2-6a}$$

$$L_{\mathrm{b}}(t)=\frac{1}{2}\rho U^2 B\left[2C_L\frac{u(t)}{U}+(C_L'+C_D)\frac{w(t)}{U}\right] \tag{2-6b}$$

$$M_{\mathrm{b}}(t)=\frac{1}{2}\rho U^2 B^2\left[2C_M\frac{u(t)}{U}+C_M'\frac{w(t)}{U}\right] \tag{2-6c}$$

式中，C_L'，C_D'，C_M' 分别为升力、阻力、升力矩系数对攻角 α 的导数；U 为平均风速；u，w 分别为水平向及垂直向的脉动风速。

平均风荷载部分也同样可用三分力系数表示如下：

$$D_0=\frac{1}{2}\rho U^2 C_D(\alpha_0)B \tag{2-7a}$$

$$L_0=\frac{1}{2}\rho U^2 C_L(\alpha_0)B \tag{2-7b}$$

$$M_0=\frac{1}{2}\rho U^2 C_M(\alpha_0)B^2 \tag{2-7c}$$

式中，α_0为平均风攻角；其他符号同前。

对于桥梁断面，与运动状态相关联的非定常风荷载部分在与运动状态线性相关的假设下，可用 Scanlan 自激力模型表示如下：

$$D_{\mathrm{ae}}=\frac{1}{2}\rho U^2(2B)\left[KP_1^*\frac{\dot{p}}{U}+KP_2^*\frac{B\dot{\alpha}}{U}+K^2P_3^*\alpha+K^2P_4^*\frac{p}{B}+KP_5^*\frac{\dot{h}}{U}+K^2P_6^*\frac{h}{B}\right] \tag{2-8a}$$

$$L_{ae} = \frac{1}{2}\rho U^2(2B)\left[KH_1^* \frac{\dot{h}}{U} + KH_2^* \frac{B\dot{\alpha}}{U} + K^2H_3^*\alpha + K^2H_4^* \frac{h}{B} + KH_5^* \frac{\dot{p}}{U} + K^2H_6^* \frac{p}{B}\right] \tag{2-8b}$$

$$M_{ae} = \frac{1}{2}\rho U^2(2B^2)\left[KA_1^* \frac{\dot{h}}{U} + KA_2^* \frac{B\dot{\alpha}}{U} + K^2A_3^*\alpha + K^2A_4^* \frac{h}{B} + KA_5^* \frac{\dot{p}}{U} + K^2A_6^* \frac{p}{B}\right] \tag{2-8c}$$

式中，U 为平均风速；K（$K=\omega B/U$）为折算频率；H_i^*、P_i^*、A_i^*（$i=1\sim 6$）为加劲梁断面颤振气动导数，在各级风速下可由风洞试验测得。

经过几个层次的简化与假设，结构在风场中所受荷载最终可以分解为平均风作用于刚体模型上的静风力、脉动风作用于刚体模型上的抖振力以及考虑结构运动状态关联的自激力三项，在给定风场前提下，三部分荷载中所需要的系数都可从风洞试验中得到。既然所受的荷载已确定，我们再回到上节所关心的问题即从运动方程着手研究稳定问题，对于某一模态，其运动可以简化为单自由度方程。以扭转振动为例，考虑到实验室的条件，忽略与侧向有关的气动导数，可得其运动方程如下：

$$I_m\ddot{\alpha} + c\dot{\alpha} + k\alpha = \rho U^2B^2\left[KA_1^* \frac{\dot{h}}{U} + KA_2^* \frac{B\dot{\alpha}}{U} + K^2A_3^*\alpha + K^2A_4^* \frac{h}{B}\right] + M_0 + M_b \tag{2-9}$$

式中，I_m为扭转质量惯性矩；M_0为平均风引起的升力矩；M_b为脉动风引起的升力矩。其他符号同前，将与扭转运动关联的气动力移到方程的左边，可得：

$$I_m\ddot{\alpha} + (c-\rho UB^3KA_2^*)\dot{\alpha} + (k-\rho U^2B^2K^2A_3^*)\alpha = \rho U^2B^2\left[KA_1^* \frac{\dot{h}}{U} + K^2A_4^* \frac{h}{B}\right] + M_0 + M_b \tag{2-10}$$

假设来流为均匀流场，且结构竖向运动被完全约束住，而平均风引起的升力矩项为一常数，只会引起初始攻角的变化，不会引起动力响应。因此只要方程右边的气动导数已考虑到平均风引起的攻角的影响（实际上试验测得的系数已经包含了这一影响），则该项可以从方程右边拿去，于是上式可转化为如下非定常模型振动齐次方程：

$$I_m \ddot{\alpha} + (c - \rho U B^3 K A_2^*) \dot{\alpha} + (k - \rho U^2 B^2 K^2 A_3^*) \alpha = 0 \quad (2-11)$$

由此可得，按非定常模型计算的气动刚度 K_{us} 与气动阻尼 D_{us} 如下：

$$K_{us} = \rho U^2 B^2 K^2 A_3^* \quad (2-12)$$

$$D_{us} = \rho U B^3 K A_2^* \quad (2-13)$$

式中，下标 us 表示 unsteady——非定常。

在初始扰动下，其响应结果有三种情况：

情况一：$(c - D_{us}) > 0$，$(k - K_{us}) > 0$，此即一般的衰减运动。

情况二：$(c - D_{us}) < 0$，$(k - K_{us}) > 0$，此时结构呈现负阻尼状态，但并不失去恢复力，因而在扰动下的响应为振幅递增的动力失稳。

情况三：$(k - K_{us}) = 0$，此时，不管 $(c - \rho U B^3 K A_2^*)$ 是大于 0 还是小于 0，由于结构完全失去恢复力，因而在初始扰动下的响应将是一次性扭转发散，不再有周期性的运动，对应的失稳模式为静力失稳。

对于竖向运动方程及其静动力失稳的条件，完全可以用与扭转相同的方式导出。

2.2　准定常模型

从式（2-11）可以看出，结构是否出现静力扭转发散，完全只与刚度的修正项有关,而对于一特定的桥梁断面,决定刚度修正项的因素只有两个,即风速 U 与扭转静位移 α。假定考虑结构扭转位移变化的三分力满足准定常假设,即气动力仅与当前结构姿态有关,则运动方程式(2-1)可以表示为:

$$I_{\mathrm{m}}\ddot{\alpha}+c\dot{\alpha}+k\alpha=\frac{1}{2}\rho U^2B^2C_M(\alpha_0+\alpha)+M_{\mathrm{b}} \tag{2-14}$$

为了便于分析,可将升力矩系数展开成泰勒级数并截取线性项如下:

$$C_M(\alpha_0+\alpha)=K_M(\alpha_0)\cdot\alpha+C_{M0} \tag{2-15}$$

式中,$K_M(\alpha)$表示三分力曲线的切线刚度,将式(2-15)代入式(2-14)可得:

$$I_{\mathrm{m}}\ddot{\alpha}+c\dot{\alpha}+k\alpha=\frac{1}{2}\rho U^2B^2[K_M(\alpha_0)\cdot\alpha+C_{M0}]+M_{\mathrm{b}} \tag{2-16}$$

对于某一断面形式已知的桥梁,$K_M(\alpha)$为确定的函数,C_{M0}为攻角是 $\alpha_0(x)$ 时的升力矩系数。

将式(2-16)中与运动相关联的项移到左边得到:

$$I_{\mathrm{m}}\ddot{\alpha}+c\dot{\alpha}+\left[k-\frac{1}{2}\rho U^2B^2K_M(\alpha_0)\right]\alpha=\frac{1}{2}\rho U^2B^2C_{M0}+M_{\mathrm{b}} \tag{2-17}$$

式(2-17)中右边常数项与抖振力项,在进行运动稳定性分析时可以忽略,从而可以得到准定常模型振动齐次方程:

$$I_{\mathrm{m}}\ddot{\alpha}+c\dot{\alpha}+\left[k-\frac{1}{2}\rho U^2B^2K_M(\alpha_0)\right]\alpha=0 \tag{2-18}$$

由此可得按准定常模型计算的气动刚度如下:

$$K_{\mathrm{qs}}=\frac{1}{2}\rho U^2B^2K_M(\alpha_0) \tag{2-19}$$

式中,下标 qs 表示 quasi-steady——准定常。

当 $k - K_{qs} = 0$ 时，结构完全失去恢复力，对应的失稳模式为静力扭转发散。

2.3　气动刚度计算

理论上讲，这两个力学模型除了非定常假定与准定常假定之外，计算所得的结构丧失恢复力临界风速应当基本相同，从工程实用考虑，其计算结果的误差至少必须在一个可以接受的范围之内，否则其中的一个模型必然会有问题。

现以东海大桥主航道桥节段模型试验为例，比较非定常模型与准定常模型的差异。

东海大桥主航道桥是一主跨 420 m 的双塔双索面斜拉桥，主梁采用钢-混凝土结合的箱形断面。在风洞试验中，其节段模型系统总扭转质量为 0.299 2 kg · m^2，扭转刚度为 241.276 8 N · m/rad，按两种力学模型计算所得的气动刚度如图 2 - 1 和表 2 - 1 所示。

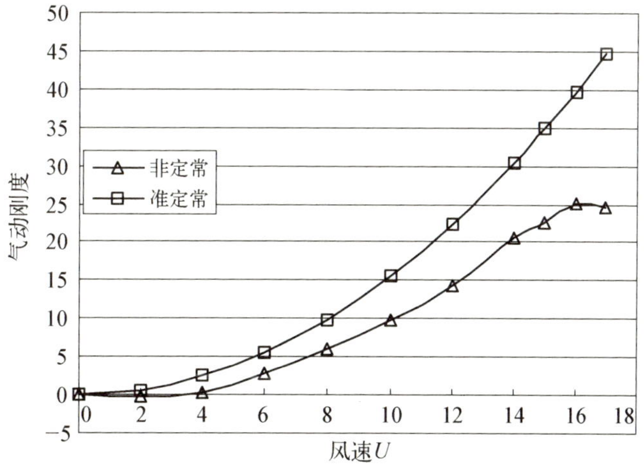

图 2 - 1　东海大桥风速-气动刚度曲线

表 2-1　东海大桥气动刚度

风速/m·s^{-1}	2	4	6	8	10	12	14	15	16	17
非定常/(N·m·rad^{-1})	−0.196	0.342	2.826	5.985	9.917	14.408	20.719	22.650	25.196	24.556
准定常/(N·m·rad^{-1})	0.620	2.481	5.582	9.924	15.507	22.330	30.393	34.890	39.697	44.814
相　差	131.6%	86.2%	49.4%	39.7%	36.0%	35.4%	31.8%	35.1%	36.5%	45.2%

从表 2-1 与图 2-1 可以看出，两者相差甚远，每点的相差都在 30%以上，而且随着风速的增加，两者的差距在减小到 32%左右后没有继续减小的趋势。

根据气动刚度修正后的总体刚度可以计算出模型的自振频率，同时在节段模型试验中，根据采样时程曲线也可直接算出模型的自振频率，三者的比较如图 2-2 所示。

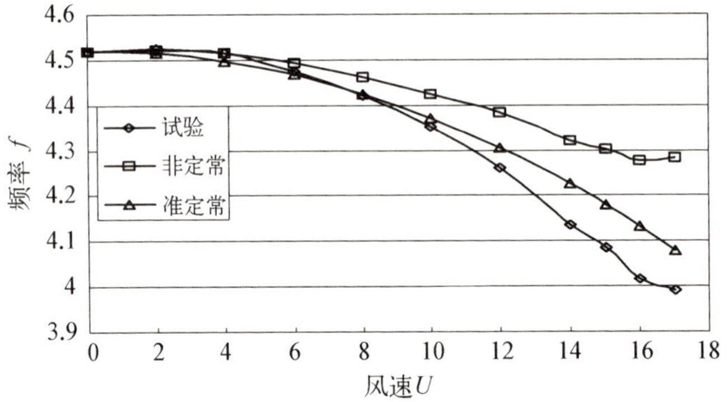

图 2-2　东海大桥风速-频率曲线

按准定常模型计算的频率下降曲线与模型实测下降曲线有一定的差异，而且随着风速的增加两者的差距还有增大的趋势，其原因至少有一个方面的影响，即节段模型测振试验时，平均风总会引起附加攻角效应的。也就是说，按准定常模型计算的是攻角不变的情况，而试验时，随着风速的增加，攻角效应总是越来越大。两者条件不同，因此理所当然会有一定的差距。

然而，试验测得的曲线与非定常模型的结果差异却更大，如图 2 - 2 所示，这形成了一个尖锐的矛盾，两者条件都相同，唯一不同的是，一个是直接测得，一个是根据试验数据拟合系数计算所得。

同样的现象还在多个不同形式的桥梁节段中重复，西堠门大桥是一主跨 1 650 m 的分离双钢箱梁悬索桥，是舟山大陆连岛工程的主体工程。图 2 - 3、图 2 - 4 分别为西堠门大桥初步设计方案一节段模型的气动刚度及频率-风速曲线。

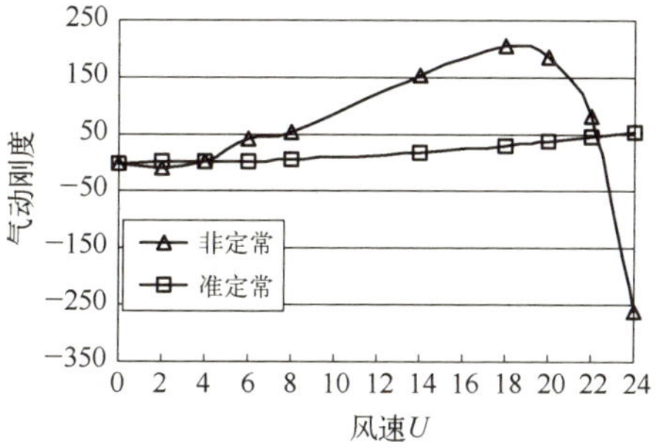

图 2 - 3　西堠门大桥风速-气动刚度曲线

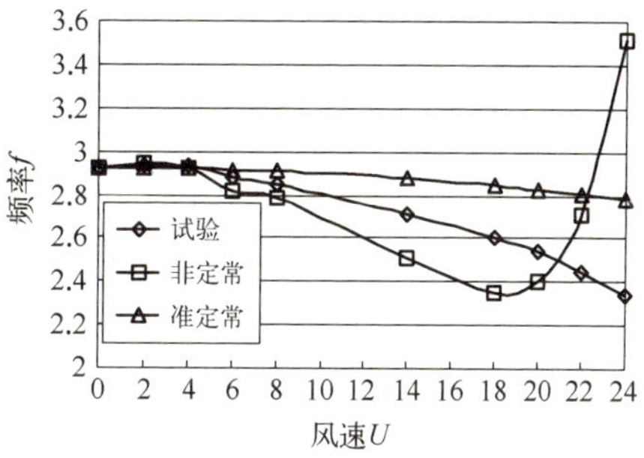

图 2 - 4　西堠门大桥风速-频率曲线

浙江象山三门口大桥是主跨 270 m 的钢管混凝土中承式拱桥，桥面采用梁格体系加劲，图 2 - 5、图 2 - 6 分别为三门口大桥节段模型气动刚度及频率-风速曲线。

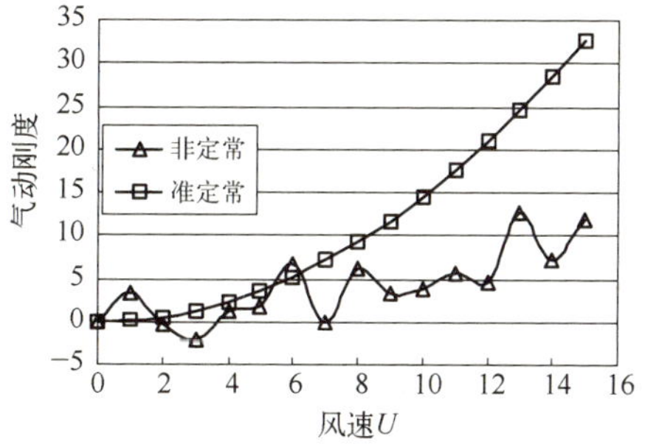

图 2 - 5　三门口大桥风速-气动刚度曲线

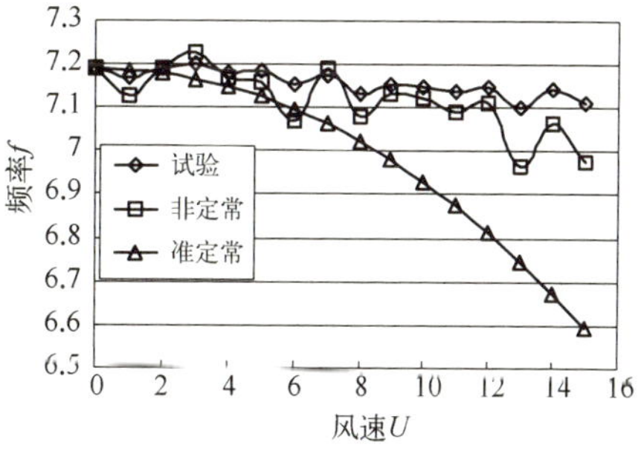

图 2 - 6　三门口大桥风速-频率曲线

南京长江三桥为主跨648 m的双塔双索面钢箱梁斜拉桥，图2-7、图2-8分别为南京三桥成桥状态节段模型气动刚度及频率-风速曲线，图2-9、图2-10分别为南京三桥施工状态节段模型风速-气动刚度曲线与频率-风速曲线。

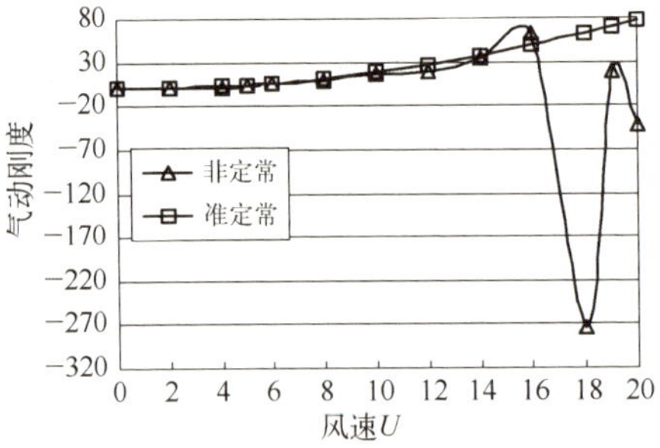

图2-7　南京三桥成桥风速-气动刚度曲线

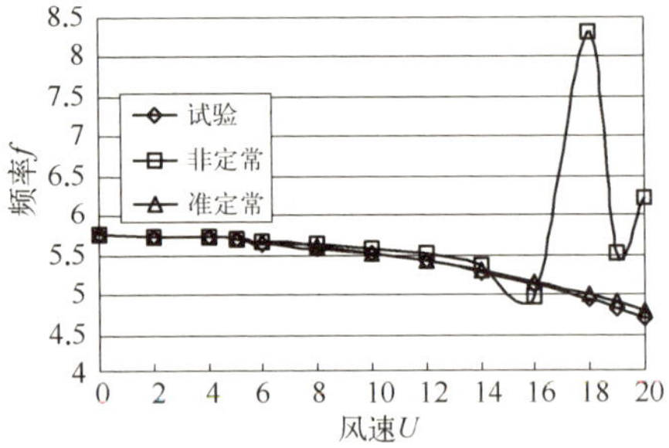

图2-8　南京三桥成桥风速-频率曲线

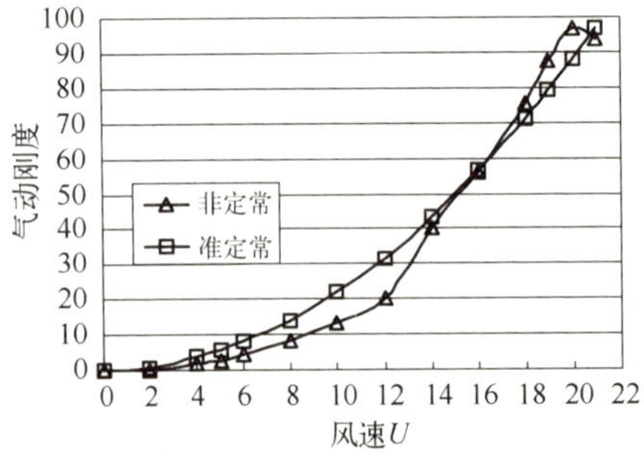

图2-9　南京三桥施工状态风速-气动刚度曲线

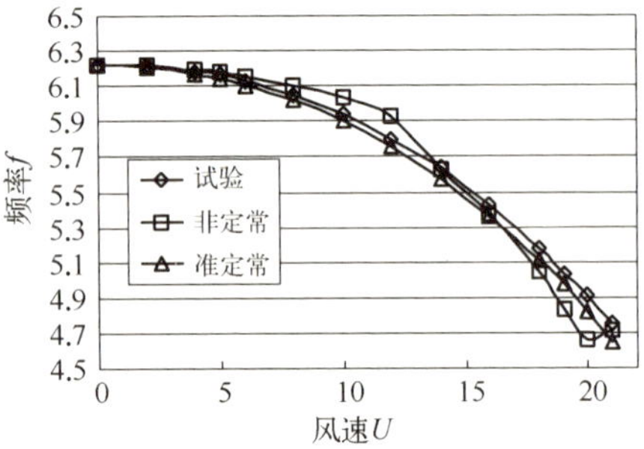

图2-10　南京三桥施工状态风速-频率曲线

从以上几座桥节段模型试验结果可以看出，按非定常模型计算的风速-频率曲线与试验测得的风速-频率曲线出现了很大的矛盾，只有南京三桥施工状态时的计算值与实测值吻合较好。非定常模型是从Scanlan自激力模型直接导出的，从Scanlan自激力模型来看，在模型只有小幅扭转振动的情况下，均匀流场中模型的扭转刚度折减量或者说扭转频率的变化只可能与颤振导数 A_3^* 有关。因此，如果约束模型竖向自由度与释放模型竖向自由度对模型扭转频率没有影响的话，则对这种矛盾的解释只可能是识别出来的 A_3^* 并不能代表其真实的物理意义。

为了证明这一点，图 2－11 给出了西堠门大桥节段模型试验中测得的频率-风速下降曲线，菱形数据点为弯扭耦合情况下测得的扭转频率，正方形数据点为模型竖向自由度完全约束情况下测得的纯扭转频率，从图中两条曲线的比较可知，约束模型竖向自由度与释放模型竖向自由度对模型扭转频率基本没有影响。因而可以肯定试验识别出来的 A_3^* 并不能代表其真实的物理意义。

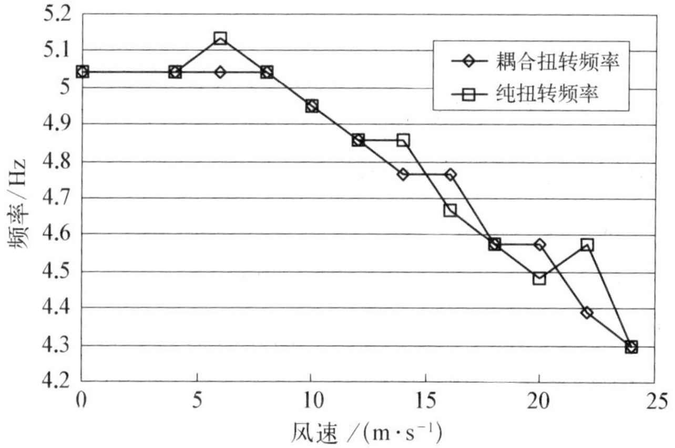

图 2－11　西堠门大桥节段模型频率-风速曲线

根据上述理论分析与试验比较，准定常气动刚度计算模型具有试验实测方便、计算精度较高和不随振动频率变化等优点，应优先考虑作为气动刚度计算模型，但使用时必须计入结构姿态的变化及空间效应的影响，下面详细推导采用准定常气动刚度计算模型的三维桥梁结构抖振计算公式。

按振型分解法考虑，第 i 阶模态的广义坐标运动方程可表示为[6,8,26,30,53]：

$$I_i[\ddot{\xi}+2\varsigma_i\omega_i\dot{\xi}+\omega_i^2\xi_i]=q_i(t) \tag{2-20}$$

式中：

$$q_i(t) = \int_0^l [Lh_i + Dp_i + M\alpha_i] \mathrm{d}x \tag{2-21}$$

式(2-21)中，L、D、M 分别表示单位长度的阻力、升力和升力矩。

如前节所叙，桥梁断面在平衡位置做小幅振动时升力系数、阻力系数及升力矩系数可以表示为以下形式：

$$C_L(\alpha_0 + \alpha) = K_L(\alpha_0) \cdot \alpha + C_{L0} \tag{2-22a}$$

$$C_D(\alpha_0 + \alpha) = K_D(\alpha_0) \cdot \alpha + C_{D0} \tag{2-22b}$$

$$C_M(\alpha_0 + \alpha) = K_M(\alpha_0) \cdot \alpha + C_{M0} \tag{2-22c}$$

对于某一断面形式已知的桥梁，式(2-22)中的 $K_L(\alpha)$，$K_D(\alpha)$，$K_M(\alpha)$ 为确定的函数，C_{L0}，C_{D0}，C_{M0} 分别为攻角为 α_0 时的升力系数、阻力系数与升力矩系数。

如图 2-12 所示，假设某一时候结构平衡状态下的平均风攻角为 $\alpha_0(x)$，脉动风引起的附加攻角为 $\Delta\alpha(x, t)$。

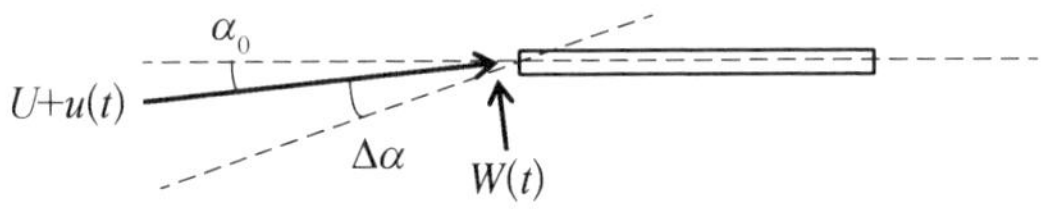

图 2-12　某结构平衡状态

设结构有小振幅的抖振响应 $h(x, t)$、$p(x, t)$、$\alpha(x, t)$，该响应可按振型分解为如下形式[6,26,30]：

$$\text{垂直：} h(x, t) = \sum_i h_i(x)\xi_i(t) \tag{2-23a}$$

$$\text{水平：} p(x, t) = \sum_i p_i(x)\xi_i(t) \tag{2-23b}$$

$$\text{扭转：} \alpha(x, t) = \sum_i \alpha_i(x)\xi_i(t) \tag{2-23c}$$

结构某一断面特定时候所受的单位长度三分力按瞬时风轴坐标可表示为：

$$D'(t)=\frac{1}{2}\rho U^2(t)C_D(\alpha_0+\Delta\alpha+\alpha)\cdot B \tag{2-24a}$$

$$L'(t)=\frac{1}{2}\rho U^2(t)C_L(\alpha_0+\Delta\alpha+\alpha)\cdot B \tag{2-24b}$$

$$M'(t)=\frac{1}{2}\rho U^2(t)C_M(\alpha_0+\Delta\alpha+\alpha)\cdot B^2 \tag{2-24c}$$

由于瞬时风轴坐标表示的力不便于结构有限元分析，因而可将其转化到平均风风轴坐标可得：

$$D(t)=D'(t)\cdot\cos(\Delta\alpha)-L'(t)\sin(\Delta\alpha) \tag{2-25a}$$

$$L(t)=L'(t)\cdot\cos(\Delta\alpha)+D'(t)\sin(\Delta\alpha) \tag{2-25b}$$

$$M(t)=M'(t) \tag{2-25c}$$

如果竖向脉动风相对平均风速很小，则：

$$\sin(\Delta\alpha)\approx \mathrm{tg}(\Delta\alpha)=\frac{w(t)}{U+u(t)}\approx\frac{w(t)}{U}\approx\Delta\alpha \tag{2-26a}$$

$$\cos(\Delta\alpha)\approx 1-\frac{\Delta\alpha^2}{2} \tag{2-26b}$$

将式(2-24)与式(2-26)代入式(2-25)并忽略高阶项，则可得到：

$$D(x,t)=\frac{1}{2}\rho U^2B\left\{C_D[\alpha_0(x)]\cdot\left[2\frac{u(x,t)}{U}\right]+C'_D[\alpha_0(x)]\cdot\frac{w(x,t)}{U}\right\}+\frac{1}{2}\rho U^2B\cdot C_D[\alpha_0(x)]+\frac{1}{2}\rho BU^2\cdot K_D[\alpha_0(x)]\cdot\alpha(x,t) \tag{2-27a}$$

$$L(x,\ t)=\frac{1}{2}\rho U^2 B\Big\{C_L[\alpha_0(x)]\cdot\left[2\frac{u(x,\ t)}{U}\right]+\{C'_L[\alpha_0(x)]+C_D[\alpha_0(x)]\}\cdot\frac{w(x,\ t)}{U}\Big\}+\frac{1}{2}\rho U^2 B\cdot C_L[\alpha_0(x)]+\frac{1}{2}\rho BU^2\cdot K_L[\alpha_0(x)]\cdot\alpha(x,\ t) \tag{2-27b}$$

$$M(x,\ t)=\frac{1}{2}\rho U^2 B^2\Big\{C_M[\alpha_0(x)]\cdot\left(2\frac{u(x,\ t)}{U}\right)+C'_M[\alpha_0(x)]\cdot\frac{w(x,\ t)}{U}\Big\}+\frac{1}{2}\rho U^2 B^2\cdot C_M[\alpha_0(x)]+\frac{1}{2}\rho B^2 U^2\cdot K_M[\alpha_0(x)]\cdot\alpha(x,\ t) \tag{2-27c}$$

式(2－27)三式中,每式的第一项即通常所说的抖振力[1-3,6,53];第二项是为通常意义下平均风引起的静力三分力[89,100];第三项为运动关联力。以上三式可以简写为:

$$L_T(x,\ t)=L_{\mathrm{b}}(x,\ t)+L_{\mathrm{st}}(x)+\frac{1}{2}\rho BU^2\cdot K_L[\alpha_0(x)]\cdot\alpha(x,\ t) \tag{2-28a}$$

$$D_T(x,\ t)=D_{\mathrm{b}}(x,\ t)+D_{\mathrm{st}}(x)+\frac{1}{2}\rho BU^2\cdot K_D[\alpha_0(x)]\cdot\alpha(x,\ t) \tag{2-28b}$$

$$M_T(x,\ t)=M_{\mathrm{b}}(x,\ t)+M_{\mathrm{st}}(x)+\frac{1}{2}\rho B^2U^2\cdot K_M[\alpha_0(x)]\cdot\alpha(x,\ t) \tag{2-28c}$$

式中,下标 b 是脉动风引起的抖振力;下标 st 表示单独由平均风引起的静风力。将式(2－23)代入可得:

$$L_T(x,t) = L_b(x,t) + L_{st}(x) + \frac{1}{2}\rho B U^2 \cdot K_L[\alpha_0(x)] \cdot \left\{\sum_j \alpha_j(x)\xi_j(t)\right\} \tag{2-29a}$$

$$D_T(x,t) = D_b(x,t) + D_{st}(x) + \frac{1}{2}\rho B U^2 \cdot K_D[\alpha_0(x)] \cdot \left\{\sum_j \alpha_j(x)\xi_j(t)\right\} \tag{2-29b}$$

$$M_T(x,t) = M_b(x,t) + M_{st}(x) + \frac{1}{2}\rho B^2 U^2 \cdot K_M[\alpha_0(x)] \cdot \left\{\sum_j \alpha_j(x)\xi_j(t)\right\} \tag{2-29c}$$

将式(2－29)代入式(2－20)、式(2－21)中，最后可得到按广义坐标表示的矩阵运动方程为：

$$I\ddot{\xi} + A\dot{\xi} + (B - C)\xi = Q_b + Q_{st} \tag{2-30}$$

式中：

$$\begin{aligned} C_{ij} = {} & \frac{1}{2I_i}\rho U^2 B \int_0^l \{K_L[\alpha_0(x)] \cdot h_i(x) \cdot \alpha_j(x) + \\ & K_D[\alpha_0(x)] \cdot p_i(x) \cdot \alpha_j(x) + \\ & BK_M[\alpha_0(x)] \cdot \alpha_i(x) \cdot \alpha_j(x)\}\mathrm{d}x \end{aligned} \tag{2-31}$$

$$\begin{aligned} Q_{bi}(t) = {} & \frac{1}{I_i}\int_0^l [L_b(x,t) \cdot h_i(x) + D_b(x,t) \cdot p_i(x) + \\ & M_b(x,t) \cdot \alpha_i(x)]\mathrm{d}x \end{aligned} \tag{2-32}$$

$$Q_{sti} = \frac{1}{I_i}\int_0^l [L_{st}(x) \cdot h_i(x) + D_{st}(x) \cdot p_i(x) + M_{st}(x) \cdot \alpha_i(x)]\mathrm{d}x \tag{2-33}$$

$$A_{ij} = 2\zeta_i \omega_j \delta_{ij} \tag{2-34}$$

$$B_{ij}=\omega_i^2\delta_{ij} \tag{2-35}$$

式(2－30)左边的 C 矩阵即按准定常理论得出的气动刚度矩阵。

2.4 气动阻尼计算

前面已经指出，按目前采用的非定常模型和最小二乘法回归计算的气动刚度与试验测得的频率-风速下降曲线误差较大，实际上，气动阻尼也存在同样的问题，图 2－13—图 2－16 为东海大桥、三门口大桥和南京三桥等多座桥梁的节段模型试验中测得的扭转阻尼比随风速变化曲线与按式(2－13)计算所得曲线的比较。

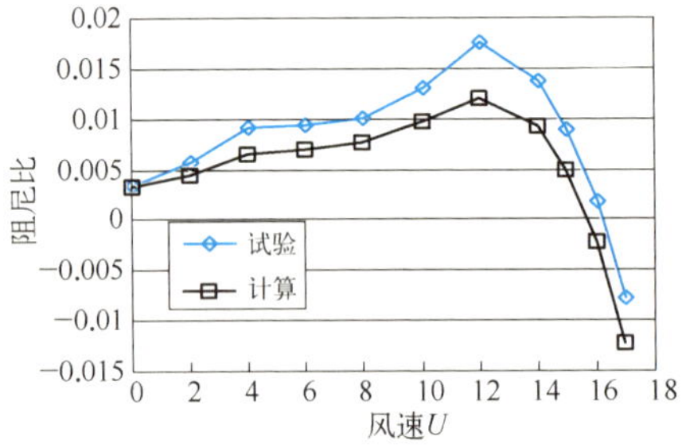

图 2－13　东海大桥阻尼-风速曲线

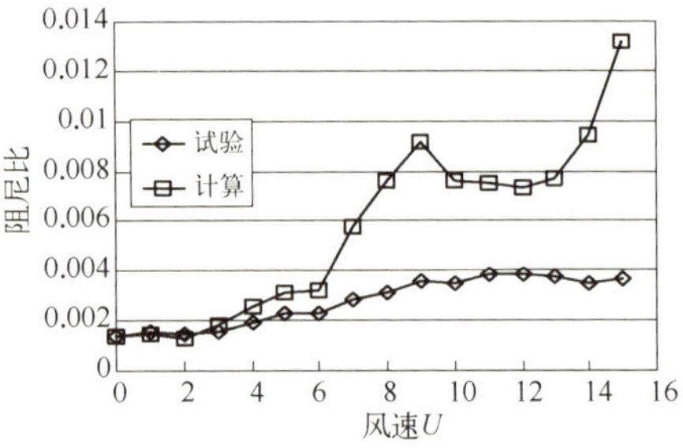

图 2－14　三门口大桥阻尼-风速曲线

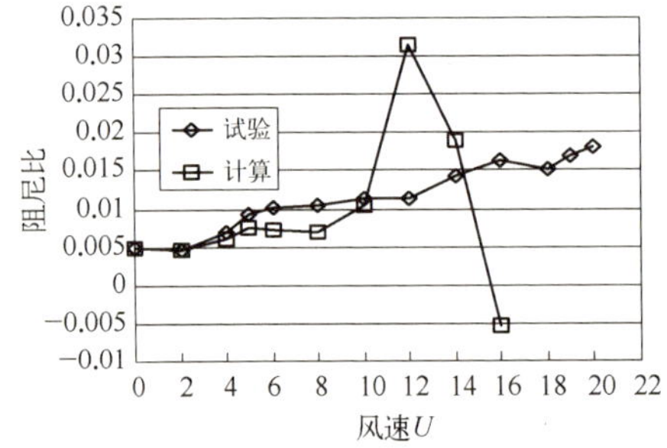

图 2－15　南京三桥阻尼-风速曲线(成桥)

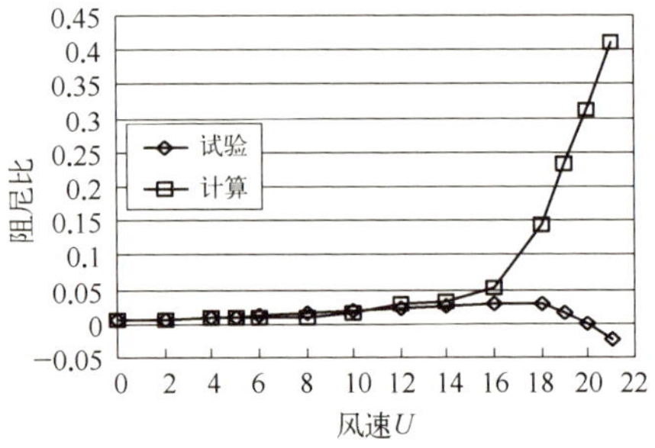

图 2－16　南京三桥阻尼-风速曲线(施工)

从图中可以看出，按式(2-13)计算得到的气动阻尼与试验测得的气动阻尼相差很大，东海大桥的变化趋势还基本一致，但绝对数值相差也很大；而其他几座桥连基本的变化趋势都相差很大。

如前所述，既然认为 Scanlan 自激力不适合用于抖振响应分析，则气动阻尼项采用模型试验中实测的气动阻尼。如果能通过试验得出桥梁每一阶模态的阻尼-风速变化曲线当然更好，但这样就相当于选用多少阶模态就要做同样数量的模型试验次数，每次都要取不同的悬挂系统来模拟各自的频率。并且还存在一个问题就是两自由度耦合运动与单自由度独立运动两种情况下测得的频率是否会一致，如果不一致，实际应用时如何取值？

下面通过一次节段模型试验来粗略计算气动阻尼矩阵。设风速为 U 时，侧向、竖向与扭转方向单位长度的阻力可以分别表示为：

$$P_{\zeta}(U,\ t)=\frac{1}{2}\rho U^{2}B\,\dot{p}(t)\beta_{p}(U) \tag{2-36a}$$

$$H_{\zeta}(U,\ t)=\frac{1}{2}\rho U^{2}B\,\dot{h}(t)\beta_{h}(U) \tag{2-36b}$$

$$M_{\zeta}(U,\ t)=\frac{1}{2}\rho U^{2}B^{2}\,\dot{\alpha}(t)\beta_{\alpha}(U) \tag{2-36c}$$

三个方向单位长度的质量分别为 m_p，m_h，I_α；零风速下的阻尼比分别为 ζ_{p0}，ζ_{h0}，$\zeta_{\alpha0}$；U 风速下的阻尼比分别为 ζ_{pu}，ζ_{hu}，$\zeta_{\alpha u}$；则式(2-36)中的三个待定系数可以通过下式求得：

$$\beta_{p}(U)=\frac{4(\zeta_{p0}-\zeta_{pu})\omega_{p}\,m_{p}}{\rho U^{2}B} \tag{2-37a}$$

$$\beta_{h}(U)=\frac{4(\zeta_{h0}-\zeta_{hu})\omega_{h}\,m_{h}}{\rho U^{2}B} \tag{2-37b}$$

$$\beta_{\alpha}(U)=\frac{4(\zeta_{\alpha0}-\zeta_{\alpha u})\omega_{\alpha}\,I_{\alpha}}{\rho U^{2}B^{2}} \tag{2-37c}$$

式(2－37)中，ω_{p}，ω_{h}与ω_{α}分别为模型侧向、竖向及扭转运动的频率，按振型展开，式(2－36)可以写成如下形式：

$$P_{\zeta}(U,\ t)=\frac{1}{2}\rho U^{2}B\sum_{j}\beta_{\mathrm{p}j}(U)\omega_{j}\,p_{j}\,\dot{\xi}_{j} \tag{2－38a}$$

$$H_{\zeta}(U,\ t)=\frac{1}{2}\rho U^{2}B\sum_{j}\beta_{\mathrm{h}j}(U)\omega_{j}\,h_{j}\,\dot{\xi}_{j} \tag{2－38b}$$

$$M_{\zeta}(U,\ t)=\frac{1}{2}\rho U^{2}B^{2}\sum_{j}\beta_{\alpha j}(U)\omega_{j}\,\alpha_{j}\,\dot{\xi}_{j} \tag{2－38c}$$

阻尼理应是风速U与频率ω的二元函数，尽管目前风洞试验室所测得的阻尼曲线形式上也是风速与频率的二元函数，即折减风速的函数，但实际上却是一元函数，因为频率始终都是某一固定模态的频率。从数学上讲是用一个曲面上的一根曲线来代替整个曲面。这个阻尼-折减风速曲线或者气动导数-折减风速曲线是不一定适合其他频率的。要解决这一问题必须在实验室里建立一个阻尼或者气动导数对风速与频率的曲面关系，而不仅仅是一个曲线。限于现有试验数据的局限性，假设阻尼比也是折算频率或折减风速的函数，由试验得出阻尼与折算频率的函数关系，对于试验选用的竖弯与扭转这两阶模态，可直接根据风速确定其气动阻尼，其他频率则必须根据折算频率来确定其气动阻尼。因此，所采用的气动阻尼是对应于两阶模态的试验实测阻尼，其他模态的气动阻尼按折算频率换算。

考虑气动阻尼后，式(2－30)可以重新写成如下形式：

$$I\ddot{\xi}+(A-D)\dot{\xi}+(B-C)\xi=Q_{\mathrm{b}}+Q_{\mathrm{st}} \tag{2－39}$$

式中：

$$D_{ij}=\frac{1}{2I_{i}}\rho U^{2}B\int_{0}^{l}[\beta_{\mathrm{p}}p_{j}p_{i}+\beta_{\mathrm{h}}h_{j}h_{i}+B\beta_{\alpha}\,\alpha_{j}\alpha_{i}]\omega_{j}\,\mathrm{d}x \tag{2－40}$$

式(2－39)的求解在频域时域内都可实现。

时域内的求解有两种选择，一是仍采用振型分解法，此时刚度与阻尼矩阵的修正按式(2－31)、式(2－36)进行，这种方法的优点是求解速度快，但不足之处是忽略了结构几何非线性与外荷载高阶项等因素的影响；其二是直接采用结构有限元模型的质量矩阵、刚度矩阵与阻尼矩阵进行动力有限元数值计算，这种情况下不需要刚度与阻尼矩阵的直接修正，也不必要采用振型分解法以忽略各种非线性因素的影响，只需采用式(2－24)、式(2－25)及式(2－36)来全面计算风荷载即可，这种方法的优点是可全面考虑结构几何非线性与外荷载高阶项等因素的影响，不足之处是计算费时。

式(2－39)在形式上与 Scanlan 颤抖振方程完全一致，即都对原刚度矩阵与阻尼矩阵增加了修正项，求解方法也完全可以通用，即刚度矩阵的奇异导致结构失去恢复力，阻尼矩阵的奇异导致结构丧失阻尼，前者对应静力失稳，后者对应动力发散。关键的区别在于这两个矩阵修正的根据与意义，前者根据实际物理意义来修正，而后者的修正是数学拟合上的分配。

2.5　本章小结

从结构基本运动方程入手，根据非定常与准定常模型理论分析以及多个桥梁节段模型试验结果，论证了 Scanlan 非定常气动力表达式中存在的不足之处，即气动导数只是一组数学上的拟合系数，单个气动导数不一定能准确描述非定常振动特性。建议采用准定常气动刚度计算模型和按试验实测的气动阻尼参数。

第3章 线性抖振频域分析

当激励为平稳随机过程时，在结构为线性时不变系统的假设前提下，其输出(响应)也必然是一平稳的随机过程。此时采用频域的计算方法根据激励的统计特性如均值与方差来直接得出系统响应的统计特性具有计算效率高、概念清楚的优点。采用频域方法计算风荷载作用下桥梁结构的抖振响应是目前桥梁抖振计算的主流方法。基于振型叠加的频域抖振计算具体方法有完全二次组合的 CQC 法、不考虑模态耦合的 SRSS 法以及近来出现的虚拟激励法。考虑到大跨度桥梁模态比较密集，而且风荷载输入点数量多且点与点之间的相关性，本文没有考虑 SRSS 方法与虚拟激励法，以下频域计算内容全部采用基于完全二次组合的 CQC 法。

3.1 现有分析方法

现有多模态耦合抖振响应分析考虑模态与模态之间气动力的耦合与结构动力的耦合，基本思路采用振型分解法，加劲梁在脉动风荷载作用下的变形按振型可表示为如下形式：

$$垂直：h(x, t) = \sum_i h_i(x) B\xi_i(t) \tag{3-1}$$

$$水平：p(x, t) = \sum_i p_i(x) B\xi_i(t) \tag{3-2}$$

$$扭转：\alpha(x, t) = \sum_i \alpha_i(x) \xi_i(t) \tag{3-3}$$

第 i 阶模态的广义坐标运动方程可表示为：

$$I_i[\ddot{\xi}_i + 2\varsigma_i \omega_i \dot{\xi} + \omega_i^2 \xi_i] = q_i(t) \tag{3-4}$$

式中，I_i 为广义质量；ω_i 为第 i 阶振型自振圆频率；ζ_i 为第 i 阶模态阻尼比。第 i 阶模态广义力表示如下：

$$q_i(t) = \int_0^l [Lh_i B + Dp_i B + M\alpha_i] \mathrm{d}x \tag{3-5}$$

式(3-5)中 L, D, M 分别表示单位长度的阻力、升力和升力矩，由自激力与抖振力两部分组成：

$$\begin{cases} L = L_{\mathrm{ae}} + L_{\mathrm{b}} \\ D = D_{\mathrm{ae}} + D_{\mathrm{b}} \\ M = M_{\mathrm{ae}} + M_{\mathrm{b}} \end{cases} \tag{3-6}$$

式中，下标 ae 与 b 分别表示自激力与抖振力。

对于圆频率为 ω 的正弦运动，非定常自激气动力可以表示为：

$$L_{\mathrm{ae}} = \frac{1}{2}\rho U^2 B\left[KH_1^* \frac{\dot{h}}{U} + KH_2^* \frac{B\dot{\alpha}}{U} + K^2 H_3^* \alpha + K^2 H_4^* \frac{h}{B} + KH_5^* \frac{\dot{p}}{U} + K^2 H_6^* \frac{p}{B}\right] \tag{3-7}$$

$$D_{\mathrm{ae}} = \frac{1}{2}\rho U^2 B\left[KP_1^* \frac{\dot{p}}{U} + KP_2^* \frac{B\dot{\alpha}}{U} + K^2 P_3^* \alpha + K^2 P_4^* \frac{p}{B} + KP_5^* \frac{\dot{h}}{U} + K^2 P_6^* \frac{h}{B}\right] \tag{3-8}$$

$$M_{\mathrm{ae}}=\frac{1}{2}\rho U^2 B^2\left[KA_1^*\frac{\dot{h}}{U}+KA_2^*\frac{B\dot{\alpha}}{U}+K^2A_3^*\alpha+\right.$$
$$\left.K^2A_4^*\frac{h}{B}+KA_5^*\frac{\dot{p}}{U}+K^2A_6^*\frac{p}{B}\right] \tag{3-9}$$

式中，ρ 为空气密度；U 为平均风速；K（$K=\omega B/U$）为折算频率；H_i^*、P_i^*、A_i^*（$i=1\sim6$）为加劲梁断面颤振气动导数。

运用准定常假定，抖振力可以表示为：

$$L_{\mathrm{b}}=\frac{1}{2}\rho U^2 B\left[C_L\left(2\frac{u}{U}\right)+(C_L'+C_D)\frac{w}{U}\right]=\frac{1}{2}\rho U^2 BL_{\mathrm{bx}}(x,t) \tag{3-10a}$$

$$D_{\mathrm{b}}=\frac{1}{2}\rho U^2 B\left[C_D\left(2\frac{u}{U}\right)+C_D'\frac{w}{U}\right]=\frac{1}{2}\rho U^2 BD_{\mathrm{bx}}(x,t) \tag{3-10b}$$

$$M_{\mathrm{b}}=\frac{1}{2}\rho U^2 B^2\left[C_M\left(2\frac{u}{U}\right)+C_M'\frac{w}{U}\right]=\frac{1}{2}\rho U^2 B^2M_{\mathrm{bx}}(x,t) \tag{3-10c}$$

式中，C_L，C_D，C_M分别为升力、阻力与升力矩系数；C_L'，C_D'，C_M'分别为升力、阻力、升力矩系数对攻角 α 的导数；u，w 分别为水平向及垂直向的脉动风速。

为全面考虑模态间的耦合，式(3-1)、式(3-2)、式(3-3)中所有项在代入式(3-7)、式(3-8)、式(3-9)时都必须保留，这样，多模态系统的运动方程可以用如下矩阵形式表示为：

$$I\xi''+(A-A_{\mathrm{e}})\xi'+(B-B_{\mathrm{e}})\xi=Q_{\mathrm{b}}(s) \tag{3-11}$$

式中，ξ 为广义坐标矢量，ξ' 为 ξ 对无量纲时间坐标 $s=Ut/B$ 的导数，I 为广义质量矩阵。

系数矩阵 A，B，A_e，B_e 以及广义抖振力矩阵 Q_b 的一般项表示如下：

$$A_{ij}(K) = 2\zeta_i K_i \delta_{ij} \tag{3-12}$$

$$A_{eij}(K) = \frac{\rho B^4 lK}{2I_i}(H_1^* G_{h_i h_j} + H_2^* G_{h_i \alpha_j} + H_5^* G_{h_i p_j} + P_1^* G_{p_i p_j} + P_2^* G_{p_i \alpha_j} + P_5^* G_{p_i h_i} + A_1^* G_{\alpha_i h_j} + A_2^* G_{\alpha_i \alpha_j} + A_5^* G_{\alpha_i p_j}) \tag{3-13}$$

$$B_{ij}(K) = K_i^2 \delta_{ij} \tag{3-14}$$

$$B_{eij}(K) = \frac{\rho B^4 lK}{2I_i}(H_3^* G_{h_i \alpha_j} + H_4^* G_{h_i h_j} + H_6^* G_{h_i p_j} + P_3^* G_{p_i \alpha_j} + P_4^* G_{p_i p_j} + P_6^* G_{p_i h_i} + A_3^* G_{\alpha_i \alpha_j} + A_4^* G_{\alpha_i h_j} + A_6^* G_{\alpha_i p_j}) \tag{3-15}$$

$$Q_{b_i}(s) = \frac{\rho B^4 l}{2I_i}\int_0^l [L_{bx}(x, s)h_i + D_{bx}(x, s)p_i + M_{bx}(x, s)\alpha_i] \frac{\mathrm{d}x}{l} \tag{3-16}$$

模态积分按下式求得：

$$G_{r_i s_j} = \int_0^l r_i(x) s_j(x) \frac{\mathrm{d}x}{l} \ (r_i = h_i, p_i, \alpha_i; s_j = h_j, p_j, \alpha_j) \tag{3-17}$$

式(3-12)中：$K_i = B\omega_i / U$，δ_{ij} 表示克罗内克内积；当 i 等于 j 时为1，其他情况为0。

从式(3-13)、式(3-15)可以看出，当 i 等于 j 时，对应无模态耦合的单模态抖振响应，模态与模态之间的气动力耦合是通过非对角项的模态积分表现出来的，其影响程度由结构模态形状与颤振导数决定。

定义形如下式的傅立叶变换：

$$\bar{f}(k) = \int_0^{\infty} f(s)e^{-iKs}\mathrm{d}s \tag{3-18}$$

在折算频率 K 的频域内对系统式(3-11)进行傅立叶变换可得：

$$E\bar{\xi} = \bar{Q}_b \tag{3-19}$$

式中，$\bar{\xi}$与$\bar{Q}_b$分别为 ξ 矢量与 Q_b 矢量的傅立叶变换。

$$E_{ij} = -K^2\delta_{ij} + iK[A_{ij}(K) - A_{eij}(K)] + [B_{ij}(K) - B_{eij}(K)] \tag{3-20}$$

3.2 基于气动新模型的分析方法

如前第 2 章所述，本文提出的抖振响应分析模型如下：

$$I\ddot{\xi} + (A - D)\dot{\xi} + (B - C)\xi = Q_b \tag{3-21}$$

式中：

$$A_{ij}(\omega) = 2\zeta_i\omega_j\delta_{ij} \tag{3-22}$$

$$B_{ij}(\omega) = \omega_i^2\delta_{ij} \tag{3-23}$$

$$D_{ij}(\omega) = \frac{1}{2I_i}\rho U^2 B\int_0^l [\beta_{pj}p_j p_i + \beta_{hj}h_j h_i + B\beta_{\alpha j}\alpha_j\alpha_i]\omega_j\,\mathrm{d}x \tag{3-24}$$

$$\begin{aligned} C_{ij} = \frac{1}{2I_i}\rho U^2 B\int_0^l \{ & K_L[\alpha_0(x)]\cdot h_i(x)\cdot \alpha_j(x) + \\ & K_D[\alpha_0(x)]\cdot p_i(x)\cdot \alpha_j(x) + \\ & BK_M[\alpha_0(x)]\cdot \alpha_i(x)\cdot \alpha_j(x)\}\mathrm{d}x \end{aligned} \tag{3-25}$$

式(3-24)与式(3-25)中：

$$I_i = \int_{\text{structure}} \eta_i^2(x, y, z)\mathrm{d}m(x, y, z) \tag{3-26}$$

式中，$\eta_i(x, y, z)$为结构的第 i 阶模态。

采用准定常假定抖振力计算公式(3-10)，并定义形如式(3-18)与式(3-19)的傅立叶变换，则

$$E_{ij} = -\omega^2\delta_{ij} + i\omega[A_{ij} - D_{ij}] + [B_{ij} - C] \tag{3-27}$$

$$\bar{Q}_b = \frac{\rho U^2 B}{2}\begin{Bmatrix} \frac{1}{I_1}\int_0^l \bar{F}_{b_1}\mathrm{d}x \\ \frac{1}{I_2}\int_0^l \bar{F}_{b_2}\mathrm{d}x \\ \cdots \\ \frac{1}{I_n}\int_0^l \bar{F}_{b_n}\mathrm{d}x \end{Bmatrix} \tag{3-28}$$

$$\bar{F}_{\mathrm{b}_i}(x, \omega) = \bar{L}_{\mathrm{b}}(x, \omega)h_i(x) + \bar{D}_{\mathrm{b}}(x, \omega)\, p_i(x) + \bar{M}_{\mathrm{b}}(x, \omega)B\alpha_i(x) \tag{3-29}$$

将加劲梁纵向任一位置 x_A的抖振力表达式(3-10)代入式(3-29)得：

$$\begin{aligned}\bar{F}_{\mathrm{b}_i}(x_A, \omega) = \frac{1}{U}\{&[2C_L h_i(x_A) + 2C_D p_i(x_A) + 2BC_M\alpha_i(x_A)]\bar{u}(\omega) + \\ &[(C_L' + C_D)h_i(x_A) + C_D' p_i(x_A) + \\ &BC_M'\alpha_i(x_A)]\bar{w}(\omega)\}\end{aligned} \tag{3-30}$$

对式(3-30)对应的 x_B处第 j 阶做复共轭变换可得：

$$\begin{aligned}\bar{F}^*_{\mathrm{b}_j}(x_B, \omega) = \frac{1}{U}\{&[2C_L h_j(x_B) + 2C_D p_j(x_B) + 2BC_M\alpha_j(x_B)]\bar{u}^*(\omega) + \\ &[(C_L' + C_D)h_j(x_B) + C_D' p_j(x_B) + \\ &BC_M'\alpha_j(x_B)]\bar{w}^*(\omega)\}\end{aligned} \tag{3-31}$$

式中，* 号表示复共轭变换，由式(3-28)、式(3-30)、式(3-31)可得下式：

$$\bar{Q}_b \bar{Q}_b^{*T} = \left(\frac{\rho U^2 B}{2}\right)^2 \cdot \begin{bmatrix} \frac{1}{I_1 I_1}\iint_l \bar{F}_{b_1} \bar{F}_{b_1}^* \mathrm{d}x_A \, \mathrm{d}x_B & \cdots & \frac{1}{I_1 I_n}\iint_l \bar{F}_{b_1} \bar{F}_{b_n}^* \mathrm{d}x_A \, \mathrm{d}x_B \\ \cdots & \cdots & \cdots \\ \frac{1}{I_n I_1}\iint_l \bar{F}_{b_n} \bar{F}_{b_1}^* \mathrm{d}x_A \, \mathrm{d}x_B & \cdots & \frac{1}{I_n I_n}\iint_l \bar{F}_{b_n} \bar{F}_{b_n}^* \mathrm{d}x_A \, \mathrm{d}x_B \end{bmatrix} \tag{3-32}$$

式(3-32)即为抖振力的功率谱密度矩阵，其一般项如下：

$$\begin{aligned} S_{Q_{bi}Q_{bj}}(\omega) = \left(\frac{\rho U^2 B}{2}\right)^2 \frac{1}{I_i I_j}\int_0^l \int_0^l \{ & \bar{q}_i(x_A)\,\bar{q}_j(x_B) S_{uu}(x_A, x_B, \omega) + \\ & \bar{r}_i(x_A)\,\bar{r}_j(x_B) S_{ww}(x_A, x_B, \omega) + [\bar{q}_i(x_A)\,\bar{r}_j(x_B) + \\ & \bar{r}_i(x_A)\,\bar{q}_j(x_B)] C_{uw}(x_A, x_B, \omega) + i[\bar{q}_i(x_A)\,\bar{r}_j(x_B) - \\ & \bar{r}_i(x_A)\,\bar{q}_j(x_B)] Q_{uw}(x_A, x_B, \omega) \} \mathrm{d}x_A \, \mathrm{d}x_B \end{aligned} \tag{3-33}$$

式中：

$$\bar{q}_i(x) = 2[C_L h_i(x) + C_D p_i(x) + B C_M \alpha_i(x)] \tag{3-34}$$

$$\bar{r}_j(x) = (C_L' + C_D) h_j(x) + C_D' p_j(x) + B C_M' \alpha_j(x) \tag{3-35}$$

水平与竖向脉动风交叉谱可以表示为：

$$S_{uw}(\omega) = C_{uw}(\omega) + i Q_{uw}(\omega) \tag{3-36}$$

式中，C_{uw} 与 Q_{uw} 分别为共相谱与正交谱。将跨度范围内脉动风相关谱用传统的简化方式表达为[89]：

$$S(x_A, x_B, \omega) = S(\omega) \cdot \mathrm{e}^{\frac{c\,|x_A - x_B|}{l}} \tag{3-37}$$

根据下式：

$$H_{r_i s_j}(\omega)=\int_0^l\int_0^l r_i(x_A)s_j(x_B)\mathrm{e}^{-c|x_A-x_B|/l}\frac{\mathrm{d}x_A}{U_A}\frac{\mathrm{d}x_B}{U_B} \tag{3-38}$$

式中，$r_i=h_i$，p_i，或 α_i；$s_j=h_j$，p_j，或 α_j，抖振力功率谱密度矩阵的一般项可重新表示为：

$$S_{Q_{bi}Q_{bj}}(\omega)=\left(\frac{\rho U^2 B}{2}\right)^2\frac{1}{I_i I_j}[Y_{ij}^{Suu}(\omega)S_{uu}(w)+Y_{ij}^{Sww}(\omega)S_{uw}(\omega)+ \\ Y_{ij}^{Cuw}(\omega)C_{uw}(\omega)+Y_{ij}^{Quw}(\omega)Q_{uw}(\omega)] \tag{3-39}$$

式中：

$$Y_{ij}^{\mathrm{Suu}}(\omega)=(2C_L)^2H_{h_ih_j}+(2C_D)^2H_{p_ip_j}+(2BC_M)^2H_{\alpha_i\alpha_j}+ \\ 4C_L C_D(H_{h_ip_j}+H_{p_ih_j})+4C_L BC_M(H_{h_i\alpha_j}+H_{\alpha_ih_j})+ \\ 4C_D BC_M(H_{p_i\alpha_j}+H_{\alpha_ip_j}) \tag{3-40}$$

$$Y_{ij}^{\mathrm{Sww}}(\omega)=(C_L'+C_D)^2H_{h_ih_j}+(C_D')^2H_{p_ip_j}+(BC_M')^2H_{\alpha_i\alpha_j}+ \\ (C_L'+C_D)C_D'(H_{h_ip_j}+H_{p_ih_j})+ \\ (C_L'+C_D)BC_M'(H_{h_i\alpha_j}+H_{\alpha_ih_j})+C_D' BC_M'(H_{p_i\alpha_j}+H_{\alpha_ip_j}) \tag{3-41}$$

$$Y_{ij}^{\mathrm{Cuw}}(\omega)=2\{2(C_L'+C_D)C_L H_{h_ih_j}+2C_D C_D' H_{p_ip_j}+2B^2C_M C_M' H_{\alpha_i\alpha_j}+ \\ [C_L C_D'+(C_L'+C_D)C_D](H_{h_ip_j}+H_{p_ih_j})+ \\ [C_L BC_M'+(C_L'+C_D)BC_M](H_{h_i\alpha_j}+H_{\alpha_ih_j})+ \\ (C_D BC_M'+C_D' BC_M)(H_{p_i\alpha_j}+H_{\alpha_ip_j})\} \tag{3-42}$$

$$Y_{ij}^{\mathrm{Quw}}(\omega)=2i\cdot\{[C_L C_D'-(C_L'+C_D)C_D](H_{h_ip_j}-H_{p_ih_j})+ \\ [C_L BC_M'-(C_L'+C_D)BC_M](H_{h_i\alpha_j}-H_{\alpha_ih_j})+ \\ (C_D BC_M'-C_D' BC_M)(H_{p_i\alpha_j}-H_{\alpha_ip_j})\} \tag{3-43}$$

由式(3-19)可得形如下式的广义坐标的功率谱密度矩阵：

$$S_{\xi\xi}(\omega)=E^{-1}S_{Q_bQ_b}[E^*]^{-1} \tag{3-44}$$

式(3-44)中，$S_{Q_bQ_b}$ 为抖振力向量 Q 的功率谱密度矩阵；$S_{\xi\xi}(\omega)$ 为广义坐标向量的功率谱密度矩阵。

桥面垂直方向、水平方向以及扭转位移的功率谱密度可按以下三式计算：

$$S_{hh}(x_A,\ x_B,\ \omega)=\sum_i\sum_j h_i(x_A)h_j(x_B)S_{\xi_i\xi_j}(\omega) \tag{3-45a}$$

$$S_{pp}(x_A,\ x_B,\ \omega)=\sum_i\sum_j p_i(x_A)p_j(x_B)S_{\xi_i\xi_j}(\omega) \tag{3-45b}$$

$$S_{\alpha\alpha}(x_A,\ x_B,\ \omega)=\sum_i\sum_j \alpha_i(x_A)\alpha_j(x_B)S_{\xi_i\xi_j}(\omega) \tag{3-45c}$$

从而可得三个位移的方差：

$$\sigma_h^2(x_A,\ x_B)=\int_0^\infty S_{hh}(x_A,\ x_B,\ \omega)\mathrm{d}\omega \tag{3-46a}$$

$$\sigma_p^2(x_A,\ x_B)=\int_0^\infty S_{pp}(x_A,\ x_B,\ \omega)\mathrm{d}\omega \tag{3-46a}$$

$$\sigma_\alpha^2(x_A,\ x_B)=\int_0^\infty S_{\alpha\alpha}(x_A,\ x_B,\ \omega)\mathrm{d}\omega \tag{3-46c}$$

通常情况下，大跨度桥梁结构沿跨长平均风速大小并非一常数，而是具有一定的空间分布形式，为考虑平均风速空间分布的影响，可将风速作为一变量放入积分项，此时式(3-39)可重新表示为：

$$S_{Q_{bi}Q_{bj}}(\omega)=\left(\frac{\rho B}{2}\right)^2\frac{1}{I_i I_j}[Y_{ij}^{Suu}(\omega)S_{uu}(\omega)+Y_{ij}^{Sww}(\omega)S_{ww}(\omega)+$$
$$Y_{ij}^{Cuw}(\omega)C_{uw}(\omega)+Y_{ij}^{Quw}(\omega)Q_{uw}(\omega)] \tag{3-47}$$

而积分式(3-38)须改写为：

$$H_{r_is_j}(\omega)=\int_0^l\int_0^l r_i(x_A)s_j(x_B)\mathrm{e}^{-c|x_A-x_B|/l}U_A U_B\,\mathrm{d}x_A\,\mathrm{d}x_B \tag{3-48}$$

其他公式保持不变。

上述方法已编制成计算程序 PBRW（Program of Bridge Response under Wind）。

3.3　抖振频域分析数值比较

3.3.1　东海大桥抖振响应计算

东海大桥桥位处设计平均风速为 48.1 m/s，计算方法取本文提出的新模型、Scanlan 多模态颤抖振模型以及不考虑气动导数修正的抖振模型三种，以便进行对比。抖振计算风谱采用《公路桥梁抗风设计指南》指定风谱，粗糙高度取 0.01，风速分布指数取 0.12；采用前 15 阶模态进行计算，结构阻尼采用瑞雷阻尼模型，计算中两控制阻尼比与频率分别为 0.007，0.008 以及 2.224 rad/s，3.849 rad/s；扫频增量为 0.01 rad/s，截断频率取 5.0 rad/s。

图 3-1 为东海大桥主梁断面风轴坐标系下的三分力系数曲线，图 3-2 为主梁断面成桥状态无风攻角时颤振导数-折减风速曲线。

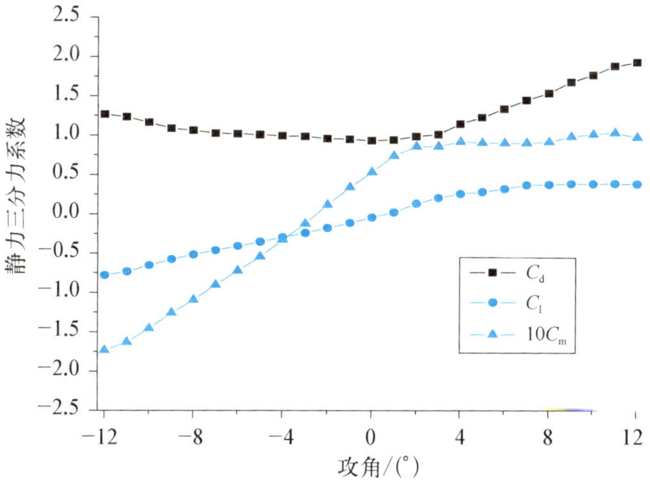

图 3-1　东海大桥主梁风轴坐标三分力曲线

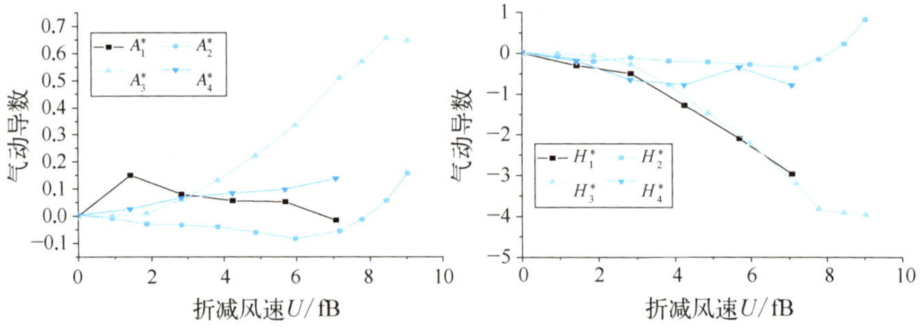

图 3-2　东海大桥主梁颤振导数-折减风速曲线

表 3-1 为 PBRW 程序计算的东海大桥前 15 阶模态与 ANSYS 采用梁单元计算结果的比较。

表 3-1　东海大桥动力特性计算比较

阶次	PBRW 计算		ANSYS 计算	
	频率	振　型　描　述	频率	振　型　描　述
1	0.144 5	纵　飘	0.157 0	纵　飘
2	0.357 2	正对称竖弯	0.358 0	正对称竖弯
3	0.463 6	对称侧弯+对称扭转	0.439 0	对称侧弯+对称扭转
4	0.508 0	反对称竖弯	0.511 0	反对称竖弯
5	0.612 8	正对称扭转	0.590 0	正对称扭转
6	0.756 5	正对称竖弯	0.770 0	正对称竖弯
7	0.954 6	反对称竖弯	0.972 0	反对称竖弯
8	1.044 0	正对称竖弯	1.058 0	正对称竖弯
9	1.159 2	反对称竖弯	1.175 0	反对称竖弯
10	1.198 4	反对称扭转+塔反向侧弯	1.183 9	反对称扭转+塔反向侧弯
11	1.220 3	辅助墩弯曲	1.219 6	辅助墩弯曲
12	1.220 3	辅助墩弯曲	1.219 6	辅助墩弯曲
13	1.328 9	正对称竖弯	1.350 2	正对称竖弯
14	1.359 1	辅助墩弯曲	1.356 4	辅助墩弯曲
15	1.359 1	辅助墩弯曲	1.356 4	辅助墩弯曲

图 3-3、图 3-4、图 3-5 分别表示按本文方法、Scanlan 计算模型以及不考虑气动刚度与阻尼修正所计算出的东海大桥主梁抖振竖向、侧向、扭转抖振响应均方根分布曲线。

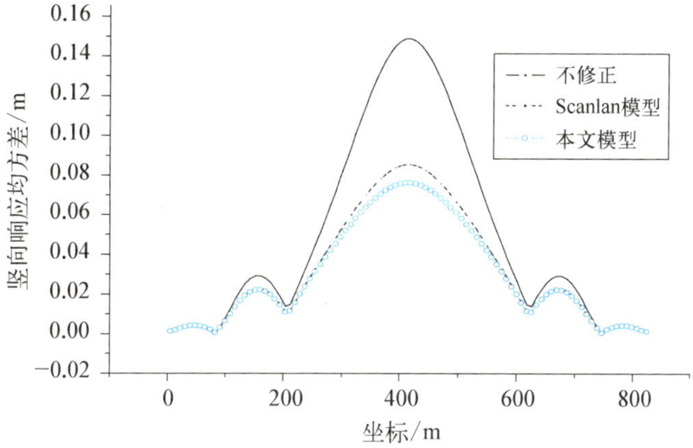

图 3-3　东海大桥主梁竖向抖振响应均方差分布图

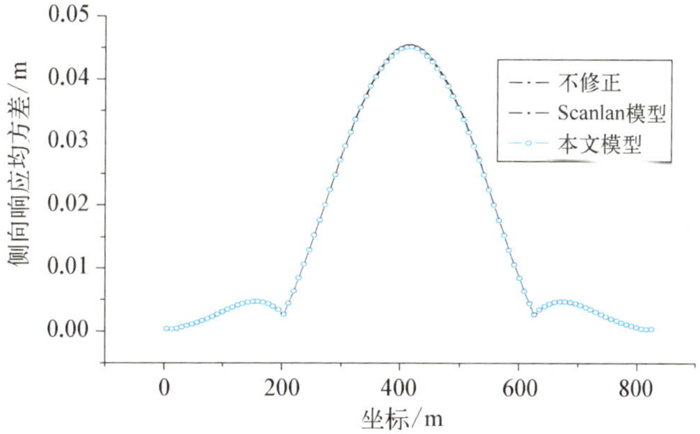

图 3-4　东海大桥主梁侧向抖振响应均方差分布图

图 3-6、图 3-7、图 3-8 分别表示按三种模型计算的东海大桥跨中竖向、侧向和扭转抖振响应功率谱曲线。

表 3-2 为三种模型东海大桥跨中抖振响应均方差计算结果及全桥气弹模型试验结果的对比。

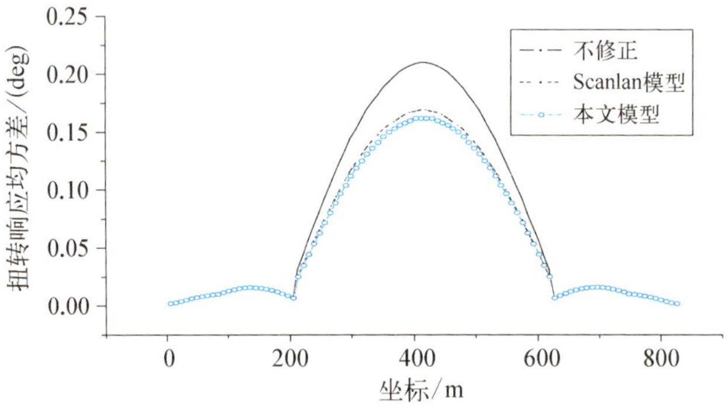

图 3-5　东海大桥主梁扭转抖振响应均方差分布图

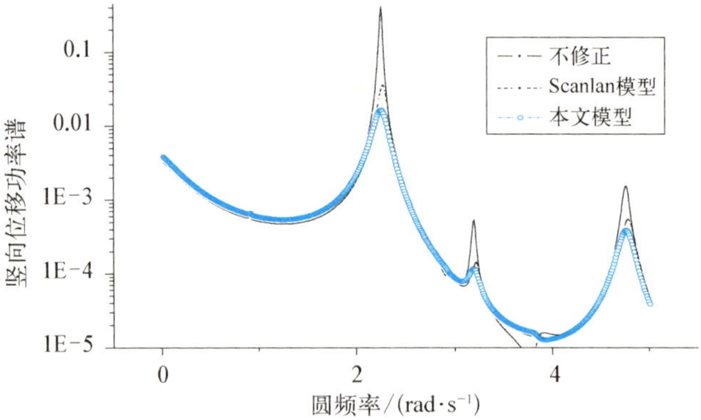

图 3-6　东海大桥主梁跨中竖向位移功率谱密度

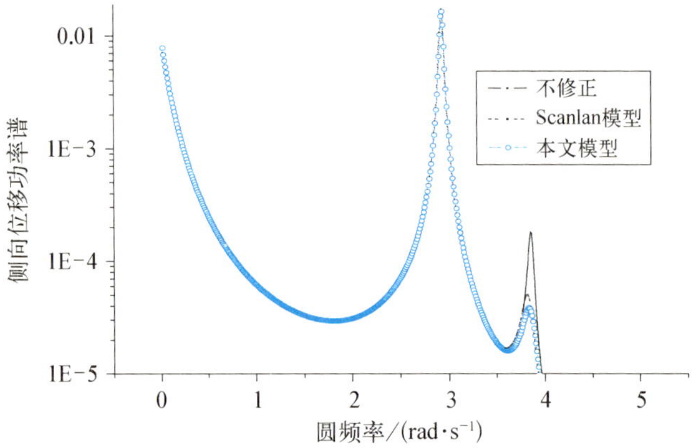

图 3-7　东海大桥主梁跨中侧向位移功率谱密度

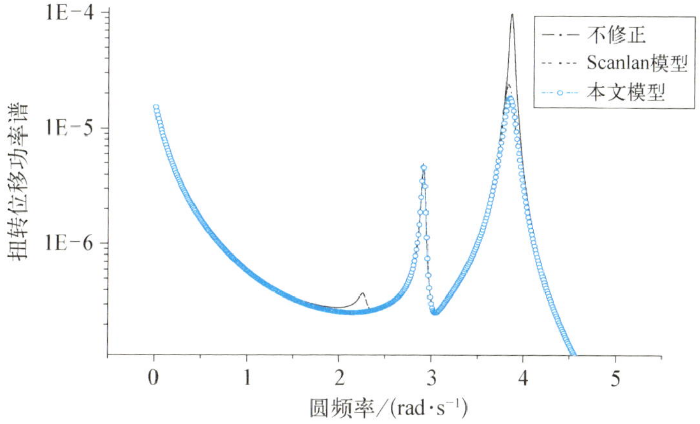

图 3-8　东海大桥主梁跨中扭转位移功率谱密度

表 3-2　东海大桥频域抖振均方差计算结果

	竖向/m	侧向/m	扭转/deg
本文模型	0.075 6	0.044 9	0.161 0
Scanlan 模型	0.085 3	0.045 0	0.169 0
不修正模型	0.148 9	0.045 5	0.210 0
全桥模型试验	0.066 0	0.018 8	0.199 7

3.3.2　西堠门大桥抖振响应计算

考虑平均风速为 60 m/s 情况下西堠门大桥的抖振响应，计算方法同样取本文提出的新模型、Scanlan 多模态颤抖振模型以及不考虑气动导数修正的抖振模型三种。抖振计算风谱采用《公路桥梁抗风设计指南》指定风谱，粗糙高度取 0.01，风速分布指数取 0.12；采用前 20 阶模态进行计算，结构阻尼采用瑞雷阻尼模型，计算中两控制阻尼比与频率分别为 0.009、0.011 以及 0.591 rad/s、1.444 rad/s；扫频增量为 0.005 rad/s，截断频率取 1.5 rad/s。

图 3-9 为西堠门大桥主梁断面成桥状态风轴坐标系下静力三分力系数图，图 3-10 为西堠门大桥主梁断面成桥状态的颤振导数-折减风速曲线。

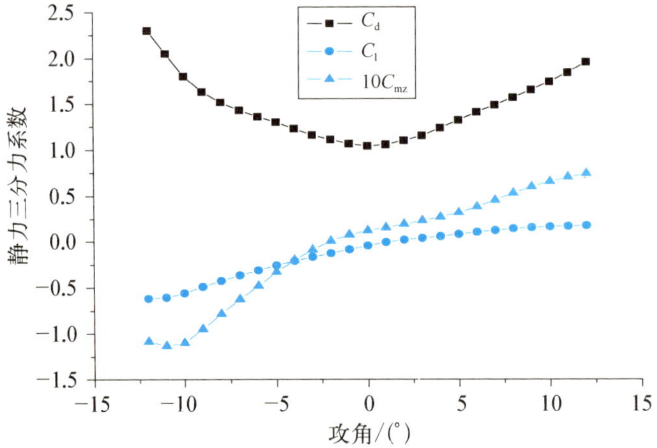

图 3-9　西堠门大桥主梁静力三分力曲线

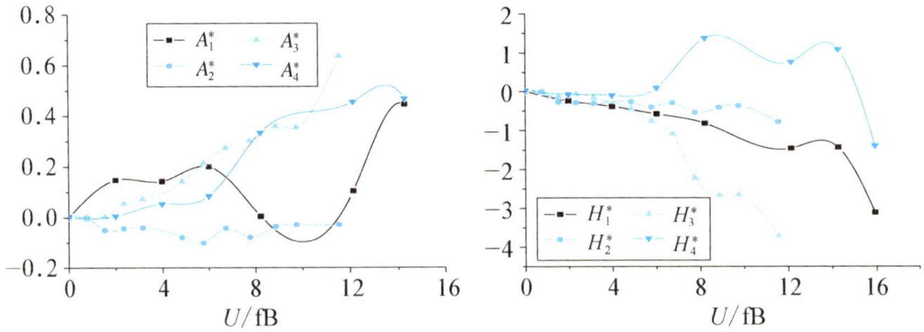

图 3-10　西堠门大桥主梁颤振导数-折减风速曲线

表 3-3 为本文计算西堠门大桥前 20 阶模态频率与 ANSYS 采用正交异性壳单元计算结果的比较。

表 3-3　西堠门大桥模态计算结果对比

阶次	PBRW 计算		ANSYS 计算	
	频　率	振　型　描　述	频　率	振　型　描　述
1	0.0482 9	正对称侧弯	0.0481 2	正对称侧弯
2	0.0793 9	反对称竖弯	0.0749 1	反对称竖弯

续　表

阶次	PBRW 计算		ANSYS 计算	
	频　率	振　型　描　述	频　率	振　型　描　述
3	0.102 13	纵　飘	0.099 03	纵　飘
4	0.106 88	反对称侧弯	0.103 25	正对称竖弯
5	0.112 84	反对称竖弯	0.106 80	反对称侧弯
6	0.133 85	正对称竖弯	0.132 69	正对称竖弯
7	0.180 19	反对称竖弯	0.179 05	反对称竖弯
8	0.183 26	侧弯＋对称扭转	0.179 68	侧弯＋对称扭转
9	0.185 01	正对称竖弯	0.181 84	缆　振
10	0.195 59	缆　振	0.184 48	正对称竖弯
11	0.204 23	缆　振	0.198 41	缆　振
12	0.206 84	侧弯＋缆＋扭转	0.200 33	侧弯＋缆＋扭转
13	0.214 08	反对称扭转	0.205 02	侧弯＋缆振
14	0.214 62	反对称扭转＋缆	0.215 21	反对称扭转
15	0.220 78	正对称扭转	0.222 47	正对称扭转
16	0.230 78	侧　弯	0.229 99	正对称竖弯
17	0.231 28	正对称竖弯	0.230 60	正对称扭转
18	0.242 06	缆　振	0.240 25	缆　振
19	0.251 64	侧弯＋主缆	0.249 13	反对称侧弯
20	0.265 44	边跨反对称竖弯	0.261 31	边跨反对称竖弯

图 3－11、图 3－12、图 3－13 分别为按本文方法、Scanlan 计算模型以及不考虑气动刚度与阻尼修正所计算出的西堠门大桥主梁竖向、侧向和扭转抖振响应均方差分布曲线。

图 3－14、图 3－15 和图 3－16 分别表示三种方法计算所得西堠门大桥跨中竖向、侧向和扭转抖振功率谱密度曲线。

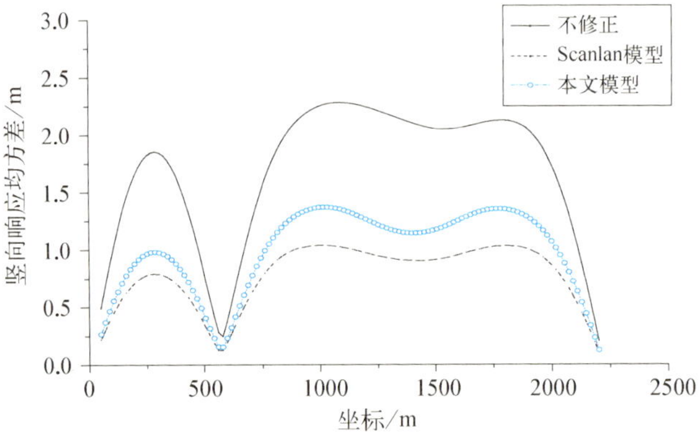

图 3－11　西堠门大桥主梁竖向抖振响应均方差分布

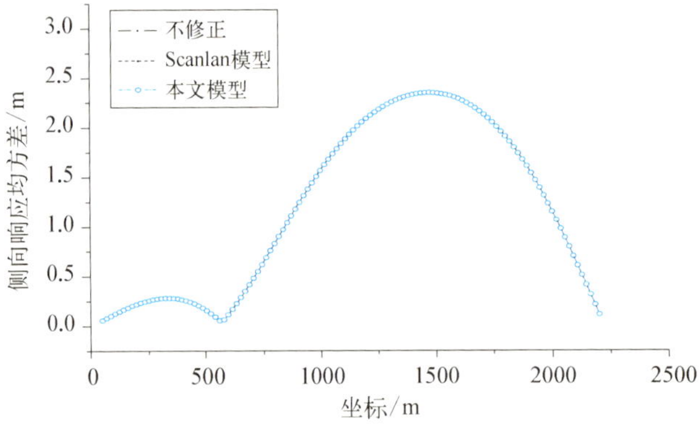

图 3－12　西堠门大桥主梁侧向抖振响应均方差分布

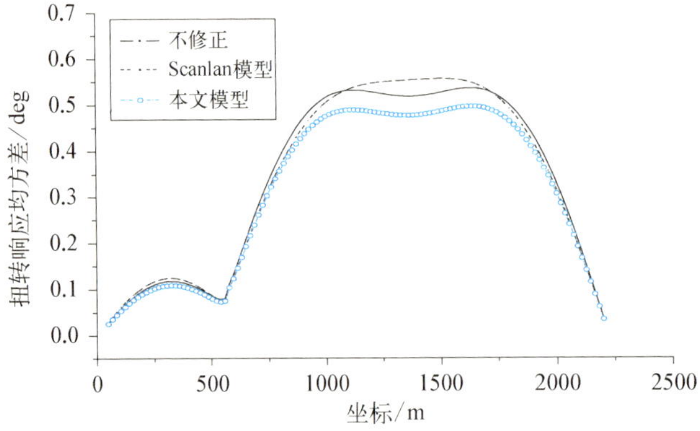

图 3－13　西堠门大桥主梁扭转抖振响应均方差分布

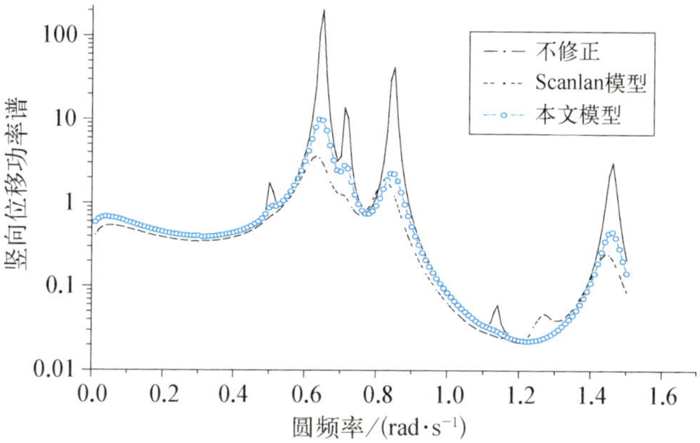

图 3-14　西堠门大桥主梁跨中竖向位移功率谱密度

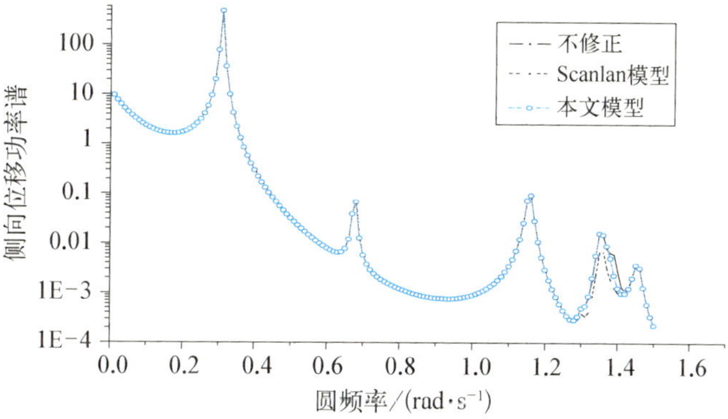

图 3-15　西堠门大桥主梁跨中侧向位移功率谱密度

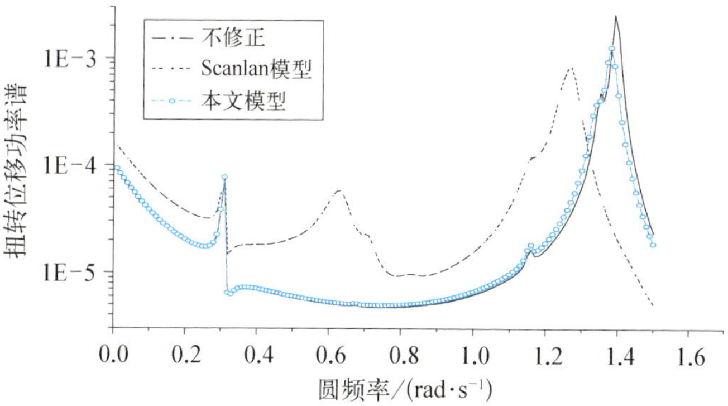

图 3-16　西堠门大桥主梁跨中扭转位移功率谱密度

表 3－4 为三种模型对西堠门大桥跨中抖振响应均方差计算结果的对比。

表 3－4　西堠门大桥频域抖振均方差计算结果

	竖向/m	侧向/m	扭转/deg
本文模型	1.145 4	2.330 9	0.478 0
Scanlan 模型	0.906 8	2.334 7	0.554 4
不修正模型	2.106 9	2.331 6	0.518 7

3.4　本章小结

通过本章对大跨度桥梁抖振响应的研究可以得出以下结论：

气动阻尼与气动刚度对抖振响应的影响不可忽略，从本文东海大桥与西堠门大桥的抖振响应计算结果来看，忽略气动阻尼与气动刚度对竖向与扭转抖振会带来相当大的误差，对侧向影响可忽略。

本文提出针对气动刚度与阻尼计算模型与 Scanlan 模型的抖振响应计算结果有一定的差异。这种差异来源于两个模型修正的依据的差别。从东海大桥与西堠门大桥的计算结果来看，除西堠门大桥的竖向响应本文方法偏大外，其他几种情况都小于 Scanlan 模型的计算结果。

第4章 非线性抖振时域分析

第 3 章已经指出，在激励为平稳随机过程以及系统为线性时不变的假设前提下，结构的随机振动在频域内进行求解具有简单实用的优点，为工程应用人员所普遍接受。但当激励为非平稳过程或者系统具有非线性或时变性质时，则响应不宜在频域内直接求解。大跨度桥梁结构所受风荷载虽然可假定为各态历经的平稳随机过程，然而大跨度的柔性桥梁结构几何非线性性质十分显著，在风荷载作用下其切线刚度矩阵是非线性时变的，此时基于线性系统的频域方法所求得的抖振响应与实测响应可能会存在很大的差异，因此，采用时域方法求解大跨度桥梁结构的抖振响应十分必要。

4.1 时域抖振分析基本方程

时域抖振分析最早采用 Davenport 抖振力模型如下：

$$D_{\mathrm{b}}(t)=\frac{1}{2}\rho U^{2}B\left[2C_{D}\frac{u(t)}{U}+C_{D}'\frac{w(t)}{U}\right] \tag{4-1a}$$

$$L_b(t) = \frac{1}{2}\rho U^2 B\left(2C_L \frac{u(t)}{U} + (C_L' + C_D)\frac{w(t)}{U}\right) \tag{4-1b}$$

$$M_b(t) = \frac{1}{2}\rho U^2 B^2\left(2C_M \frac{u(t)}{U} + C_M' \frac{w(t)}{U}\right) \tag{4-1c}$$

在 Scanlan 颤抖振计算模型中，脉动风引起的抖振力仍然采用以上 Davenport 抖振力模型，但考虑了结构运动引起的自激力影响。

本文将尝试采用以下抖振力计算模型来考虑静风力影响、气动刚度影响以及脉动风高阶项影响：

$$D'(t) = \frac{1}{2}\rho U^2(t) C_D(\alpha_0 + \Delta\alpha + \alpha) \cdot B \tag{4-2a}$$

$$L'(t) = \frac{1}{2}\rho U^2(t) C_L(\alpha_0 + \Delta\alpha + \alpha) \cdot B \tag{4-2b}$$

$$M'(t) = \frac{1}{2}\rho U^2(t) C_M(\alpha_0 + \Delta\alpha + \alpha) \cdot B^2 \tag{4-2c}$$

式中，D', L', M'分别表示瞬时风速坐标下的阻力、升力与升力矩；α_0 为结构平衡状态时的平均风攻角；$\Delta\alpha$ 为脉动风引起的附加攻角；α 为结构响应的扭转位移。为了便于有限元分析时荷载的施加，将其转换到平均风风轴坐标时可得：

$$D(t) = D'(t) \cdot \cos(\Delta\alpha) - L'(t)\sin(\Delta\alpha) \tag{4-3a}$$

$$L(t) = L'(t) \cdot \cos(\Delta\alpha) + D'(t)\sin(\Delta\alpha) \tag{4-3b}$$

$$M(t) = M'(t) \tag{4-3c}$$

时域抖振响应分析可充分考虑结构的几何与材料非线性以及风荷载的高阶项影响。

确定抖振力计算模型后，用数值模拟的方法形成空间脉动风场，就可在时域内对结构的响应进行计算。

4.2　脉动风功率谱密度

脉动风谱采用 Kaimal 谱，高度 Z 处平均风速为 $U(Z)$ 时的水平及竖向脉动风功率谱密度函数可分别用以下两式表示：

$$S_u(n) = 200u_*^2 \frac{f}{n(1+50f)^{5/3}} \tag{4-4}$$

$$S_w(n) = 6u_*^2 \frac{f}{n(1+4f)^{5/3}} \tag{4-5}$$

式中，$S_u(n)$，$S_w(n)$ 分别为脉动风的水平顺风向及竖直方向的功率谱密度函数；n 为脉动风的频率(Hz)；

$$f = \frac{nZ}{U(Z)} \tag{4-6}$$

u_* 为气流剪切速度；

$$u_* = \frac{KU(Z)}{\ln \dfrac{Z-Z_d}{Z_0}} \tag{4-7}$$

式中，K 为无量纲常数，取 $K=0.4$；

$$Z_d = \overline{H} - Z_0 / K \tag{4-8}$$

$\overline{H}$ 为周围建筑物平均高度；Z_0 为地面粗糙高度。

在人工合成脉动风场的过程中，必须形成脉动风场的自相关函数矩阵，其中非对角项即为空间不同采样点风速的交叉谱。以水平向脉动风为例，其交叉谱的确定可用正交谱与共相谱表示如下：

$$S_{u_1u_2}^{cr}(r, n) = S_{u_1u_2}^{c}(r, n) + i \cdot S_{u_1u_2}^{Q}(r, n) \tag{4-9}$$

式中，实部为共相谱，虚部为正交谱，r 为两点的距离。

在各向同性湍流中，正交谱被消去，只有共相谱。大气边界层中，与共相谱相比，正交谱很小，因此在工程应用时可以假设相干函数的平方根近似等于折算共相谱，根据风洞试验的结果，文献[11]认为在工程计算时可以假定：

$$S^{c}_{u_1u_2}(r,\ n)=\sqrt{S(z_1,\ n)S(z_2,\ n)}\cdot e^{-\hat{f}} \tag{4-10}$$

式中：

$$\hat{f}=\frac{n[C_z^2(z_1-z_2)^2+C_y^2(y_1-y_2)^2]^{1/2}}{\frac{1}{2}[U(z_1)+U(z_2)]} \tag{4-11}$$

式中，C_z 和 C_y 与粗糙度有关[89]，但通常分别取 10 和 16。

上式同样适合于竖向脉动风交叉谱的确定，对处于同一高度 z 的两点，其竖向交叉谱计算公式简化为：

$$S_{w_1w_2}(\Delta y,\ n)=S_w(z,\ n)e^{\frac{-8n\Delta y}{U(z)}} \tag{4-12}$$

式中，Δy 是 M_1 和 M_2 两点之间的水平距离。

4.3 风谱模拟的谐波合成法

空间脉动风场的模拟采用 George Deodatis 提出的谐波合成法[21]，以一维三变量零均值平稳随机过程为例，其自相关函数矩阵如下式所示：

$$R^0(\tau)=\begin{bmatrix}R^0_{11}(\tau) & R^0_{12}(\tau) & R^0_{13}(\tau)\\ R^0_{21}(\tau) & R^0_{22}(\tau) & R^0_{23}(\tau)\\ R^0_{31}(\tau) & R^0_{32}(\tau) & R^0_{33}(\tau)\end{bmatrix} \tag{4-13}$$

其功率谱密度矩阵为：

$$S^0(\omega)=\begin{bmatrix}S_{11}^0(\omega) & S_{12}^0(\omega) & S_{13}^0(\omega)\\ S_{21}^0(\omega) & S_{22}^0(\omega) & S_{23}^0(\omega)\\ S_{31}^0(\omega) & S_{32}^0(\omega) & S_{33}^0(\omega)\end{bmatrix} \tag{4-14}$$

由平稳随机过程的性质可知：

$$R_{jj}^0(\tau)=R_{jj}^0(-\tau),\qquad (j=1,2,3) \tag{4-15}$$

$$R_{jk}^0(\tau)=R_{kj}^0(-\tau),\qquad (j=1,2,3,k=1,2,3,j\neq k) \tag{4-16}$$

由 Wiener-Khintchine 关系可知自相关函数矩阵与功率谱密度矩阵之间存在如下关系：

$$S_{jk}^0(\omega)=\frac{1}{2\pi}\int_{-\infty}^{+\infty}R_{jk}^0(\tau)\mathrm{e}^{-i\omega\tau}\mathrm{d}\tau\qquad (j,k=1,2,3) \tag{4-17}$$

$$R_{jk}^0(\tau)=\int_{-\infty}^{+\infty}S_{jk}^0(\omega)\mathrm{e}^{i\omega\tau}\mathrm{d}\omega\qquad (j,k=1,2,3) \tag{4-18}$$

同样，由平稳随机过程的性质可得出如下关系：

$$S_{jj}^0(\omega)=S_{jj}^0(-\omega)\qquad j=1,2,3 \tag{4-19}$$

$$S_{jk}^0(\omega)=S_{jk}^{0*}(-\omega)\qquad j\neq k \tag{4-20}$$

$$S_{jk}^0(\omega)=S_{kj}^{0*}(\omega)\qquad j\neq k \tag{4-21}$$

假设三变量平稳随机过程分别为 $f_j^0(t)$ $(j=1,2,3)$，而模拟出的平稳随机过程为 $f_j(t)$ $(j=1,2,3)$，为了能对原平稳随机过程进行模拟，其功率谱密度矩阵必须分解成如下形式：

$$S^0(\omega)=H(\omega)H^{\mathrm{T}*}(\omega) \tag{4-22}$$

式中，上标 T 表示矩阵的转置，上述分解可用 Cholesky 方法进行，其中 $H(\omega)$ 为下三角矩阵：

$$H(\omega)=\begin{bmatrix} H_{11}(\omega) & 0 & 0 \\ H_{21}(\omega) & H_{22}(\omega) & 0 \\ H_{31}(\omega) & H_{32}(\omega) & H_{33}(\omega) \end{bmatrix} \tag{4-23}$$

式中,对角项为 ω 的实非负函数,非对角项通常为 ω 的复函数,对于矩阵中的各元素,有如下关系存在:

$$H_{jj}(\omega)=H_{jj}(-\omega),\quad (j=1,\ 2,\ 3) \tag{4-24}$$

$$H_{jk}(\omega)=H_{jk}^{*}(-\omega),\quad (j=2,\ 3,\ k=1,\ 2,\ j>k) \tag{4-25}$$

$H(\omega)$中非对角项元素也可写成以下指数形式:

$$H_{jk}(\omega)=|\ H_{jk}^{*}(-\omega)\ |\ \mathrm{e}^{i\theta_{jk}(\omega)},\quad (j=2,\ 3,\ k=1,\ 2,\ j>k) \tag{4-26}$$

$$\theta_{jk}(\omega)=\tan^{-1}\left\{\frac{\mathrm{Im}[H_{jk}(\omega)]}{\mathrm{Re}[H_{jk}(\omega)]}\right\} \tag{4-27}$$

功率谱密度矩阵 $S^0(\omega)$ 分解后,随机过程 $f_j^0(t)$ $(j=1,\ 2,\ 3)$ 可用下式模拟(当 N 趋于无穷大时):

$$f_j(t)=2\sum_{m=1}^{3}\sum_{l=1}^{N}|\ H_{jm}(\omega_{ml})\ |\sqrt{\Delta\omega}\cos[\omega_{ml}t-\theta_{jm}(\omega_{ml})+\phi_{ml}]$$
$$(j=1,\ 2,\ 3) \tag{4-28}$$

或者可用如下分项形式表示为:

$$f_1(t)=2\sum_{l=1}^{N}|\ H_{11}(\omega_{1l})\ |\sqrt{\Delta\omega}\cos[\omega_{1l}t-\theta_{11}(\omega_{1l})+\phi_{1l}] \tag{4-29}$$

$$\begin{aligned} f_2(t)=&2\sum_{l=1}^{N}|\ H_{21}(\omega_{1l})\ |\sqrt{\Delta\omega}\cos[\omega_{1l}t-\theta_{21}(\omega_{1l})+\phi_{1l}]+ \\ &2\sum_{l=1}^{N}|\ H_{22}(\omega_{2l})\ |\sqrt{\Delta\omega}\cos[\omega_{2l}t-\theta_{22}(\omega_{2l})+\phi_{2l}] \end{aligned} \tag{4-30}$$

$$f_3(t) = 2\sum_{l=1}^{N} |H_{31}(\omega_{1l})| \sqrt{\Delta\omega}\cos[\omega_{1l}t - \theta_{31}(\omega_{1l}) + \phi_{1l}] +$$
$$2\sum_{l=1}^{N} |H_{32}(\omega_{2l})| \sqrt{\Delta\omega}\cos[\omega_{2l}t - \theta_{32}(\omega_{2l}) + \phi_{2l}] +$$
$$2\sum_{l=1}^{N} |H_{33}(\omega_{3l})| \sqrt{\Delta\omega}\cos[\omega_{3l}t - \theta_{33}(\omega_{3l}) + \phi_{3l}] \tag{4-31}$$

式中,带有双下标的频率定义如下(Shinozuka, 1989)[41,23]:

$$\omega_{1l} = l \cdot \Delta\omega - \frac{2}{3}\Delta\omega,\ l = 1,\ 2,\ \cdots,\ N \tag{4-32}$$

$$\omega_{2l} = l \cdot \Delta\omega - \frac{1}{3}\Delta\omega,\ l = 1,\ 2,\ \cdots,\ N \tag{4-33}$$

$$\omega_{1l} = l \cdot \Delta\omega,\ l = 1,\ 2,\ \cdots,\ N \tag{4-34}$$

$$\Delta\omega = \frac{\omega_u}{N} \tag{4-35}$$

$$\theta_{jm}(\omega_{ml}) = \tan^{-1}\left\{\frac{\mathrm{Im}[H_{jm}(\omega_{ml})]}{\mathrm{Re}[H_{jm}(\omega_{ml})]}\right\} \tag{4-36}$$

式(4-35)中,ω_u为截断频率,其大小通常由功率谱密度矩阵中各项与 ω 的函数关系而定,即所选取 ω_u必须充分大而使得功率谱密度矩阵中各项趋于零,这样,无论从数值计算角度还是从物理意义上,大于 ω_u的频率成分都不会再造成影响。

式(4-29)—式(4-31)中的 ϕ_{1l}, ϕ_{2l}, ϕ_{3l}, $l=1$, $\cdots$, N 为相互独立的[0, 2π]上均匀分布的随机相位角序列。

模拟的随机过程 $f_j(t)$, $j = 1, 2, 3$ 是周期函数,其周期如下所示:

$$T_0 = 3\,\frac{2\pi}{\Delta\omega} \tag{4-37}$$

从上式可以看出,在给定的截断频率 ω_u 下,N 越大,则模拟随机过程的周期越长。此外,由中心极限定理可以证明,当 N 趋于无穷大时,所模拟的随机过程趋向于高斯过程。

根据随机相位角序列 $\phi_{1l}^{(i)}$、$\phi_{2l}^{(i)}$、$\phi_{3l}^{(i)}$，$l=1$，…，N 可得到随机风速样本：

$$f_j^{(i)}(t)=2\sum_{m=1}^{3}\sum_{l=1}^{N}\mid H_{jm}(\omega_{ml})\mid\sqrt{\Delta\omega}\cos[\omega_{ml}t-\theta_{jm}(\omega_{ml})+\phi_{ml}^{(i)}],\quad j=1,2,3 \tag{4-38}$$

用上式产生随机样本时，为避免产生频率混淆问题，时间步长 Δt 须满足以下公式：

$$\Delta t\leqslant\frac{2\pi}{2\omega_{\mathrm{u}}} \tag{4-39}$$

按式(4-38)产生的随机系列振幅值有如下限制：

$$f_j^{(i)}(t)=2\sum_{m=1}^{3}\sum_{l=1}^{N}\mid H_{jm}(\omega_{ml})\mid\sqrt{\Delta\omega},\ j=1,2,3 \tag{4-40}$$

用 FFT 技术，公式(4-38)可以重写成以下形式：

$$f_1^{(i)}(p\Delta t)=\mathrm{Re}\left\{h_{11}^{(i)}(p\Delta t)\cdot\exp\left[i\left(\frac{\Delta\omega}{3}\right)(p\Delta t)\right]\right\},\quad p=0,1,\cdots,3M-1 \tag{4-41}$$

$$f_2^{(i)}(p\Delta t)=\mathrm{Re}\left\{h_{21}^{(i)}(p\Delta t)\cdot\exp\left[i\left(\frac{\Delta\omega}{3}\right)(p\Delta t)\right]\right\}+RE\left\{h_{22}^{(i)}(p\Delta t)\cdot\exp\left[i\left(\frac{2\Delta\omega}{3}\right)(p\Delta t)\right]\right\}\quad(p=0,1,\cdots,3M-1) \tag{4-42}$$

$$f_3^{(i)}(p\Delta t)=\mathrm{Re}\left\{h_{31}^{(i)}(p\Delta t)\cdot\exp\left[i\left(\frac{\Delta\omega}{3}\right)(p\Delta t)\right]\right\}+\mathrm{Re}\left\{h_{32}^{(i)}(p\Delta t)\cdot\exp\left[i\left(\frac{2\Delta\omega}{3}\right)(p\Delta t)\right]\right\}+$$

$$\mathrm{Re}\{h_{33}^{(i)}(p\Delta t)\cdot\exp[i(\Delta\omega)(p\Delta t)]\}$$
$$(p=0,1,\cdots,3M-1) \tag{4-43}$$

式中，$h_{jm}^{(i)}(p\Delta t)$ ($j=1, 2, 3, m=1, 2, 3, j\geqslant m$) 表达如下：

$$h_{jm}^{(i)}(p\Delta t)=\begin{cases} g_{jm}^{(i)}(p\Delta t), & p=0,1,\cdots,M-1 \\ g_{jm}^{(i)}[(p-M)\Delta t], & p=M,\cdots,2M-1 \\ g_{jm}^{(i)}[(p-2M)\Delta t], & p=2M,\cdots,3M-1 \end{cases} \tag{4-44}$$

式(4-44)中的 g 定义如下：

$$g_{11}^{(i)}(p\Delta t)=\sum_{l=0}^{M-1}B_{11l}\cdot\exp[i(l\Delta\omega)(p\Delta t)],\ p=0,1,2,\cdots,M-1 \tag{4-45}$$

$$g_{21}^{(i)}(p\Delta t)=\sum_{l=0}^{M-1}B_{21l}\cdot\exp[i(l\Delta\omega)(p\Delta t)],\ p=0,1,2,\cdots,M-1 \tag{4-46}$$

$$g_{22}^{(i)}(p\Delta t)=\sum_{l=0}^{M-1}B_{22l}\cdot\exp[i(l\Delta\omega)(p\Delta t)],\ p=0,1,2,\cdots,M-1 \tag{4-47}$$

$$g_{31}^{(i)}(p\Delta t)=\sum_{l=0}^{M-1}B_{31l}\cdot\exp[i(l\Delta\omega)(p\Delta t)],\ p=0,1,2,\cdots,M-1 \tag{4-48}$$

$$g_{32}^{(i)}(p\Delta t)=\sum_{l=0}^{M-1}B_{32l}\cdot\exp[i(l\Delta\omega)(p\Delta t)],\ p=0,1,2,\cdots,M-1 \tag{4-49}$$

$$g_{33}^{(i)}(p\Delta t)=\sum_{l=0}^{M-1}B_{33l}\cdot\exp[i(l\Delta\omega)(p\Delta t)],\ p=0,1,2,\cdots,M-1 \tag{4-50}$$

式中：

$$B_{11l} = 2\left|H_{11}\left(l\Delta\omega + \frac{\Delta\omega}{3}\right)\right|\sqrt{\Delta\omega}\cdot\exp\left[-i\theta_{11}\left(l\Delta\omega + \frac{\Delta\omega}{3}\right)\right]\exp[i\phi_{1l}^{(i)}] \tag{4-51}$$

$$B_{21l} = 2\left|H_{21}\left(l\Delta\omega + \frac{\Delta\omega}{3}\right)\right|\sqrt{\Delta\omega}\cdot\exp\left[-i\theta_{21}\left(l\Delta\omega + \frac{\Delta\omega}{3}\right)\right]\exp[i\phi_{1l}^{(i)}] \tag{4-52}$$

$$B_{22l} = 2\left|H_{22}\left(l\Delta\omega + \frac{\Delta\omega}{3}\right)\right|\sqrt{\Delta\omega}\cdot\exp\left[-i\theta_{22}\left(l\Delta\omega + \frac{\Delta\omega}{3}\right)\right]\exp[i\phi_{2l}^{(i)}] \tag{4-53}$$

$$B_{31l} = 2\left|H_{31}\left(l\Delta\omega + \frac{\Delta\omega}{3}\right)\right|\sqrt{\Delta\omega}\cdot\exp\left[-i\theta_{31}\left(l\Delta\omega + \frac{\Delta\omega}{3}\right)\right]\exp[i\phi_{1l}^{(i)}] \tag{4-54}$$

$$B_{32l} = 2\left|H_{32}\left(l\Delta\omega + \frac{\Delta\omega}{3}\right)\right|\sqrt{\Delta\omega}\cdot\exp\left[-i\theta_{32}\left(l\Delta\omega + \frac{\Delta\omega}{3}\right)\right]\exp[i\phi_{2l}^{(i)}] \tag{4-55}$$

$$B_{33l} = 2|H_{33}(l\Delta\omega + \Delta\omega)|\sqrt{\Delta\omega}\cdot\exp[-i\theta_{33}(l\Delta\omega + \Delta\omega)]\exp[i\phi_{3l}^{(i)}] \tag{4-56}$$

Δt 与 $\Delta\omega$ 的关系如下：

$$3M\Delta t = T_0 = 3\frac{2\pi}{\Delta\omega} \tag{4-57}$$

前面已经指出，为防止出现频率混淆问题，Δt 必须满足如下条件：

$$\Delta t \leqslant \frac{2\pi}{2\omega_u} \tag{4-58}$$

比较式(4-39)、式(4-57)与式(4-58)可知，与之等效的条件为：

$$M \geqslant 2N \tag{4-59}$$

用式(4－57)计算出来的 Δt 将自动满足上式和条件。

4.4　抖振时域分析数值比较

图 4－1 是按上述方法模拟的东海大桥主梁脉动风场中某点的竖向脉动风功率谱与目标功率谱的比较，图中实线为模拟的结果，虚线为采用式(4－5)的计算结果。图 4－2 是 120 s 的竖向脉动风速时程曲线。

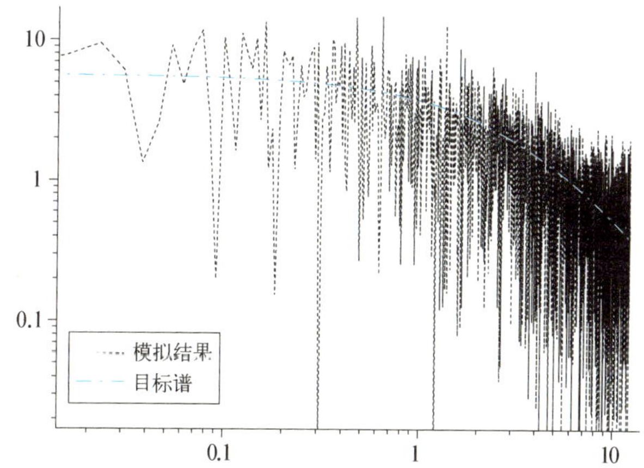

图 4－1　竖向脉动风功率谱

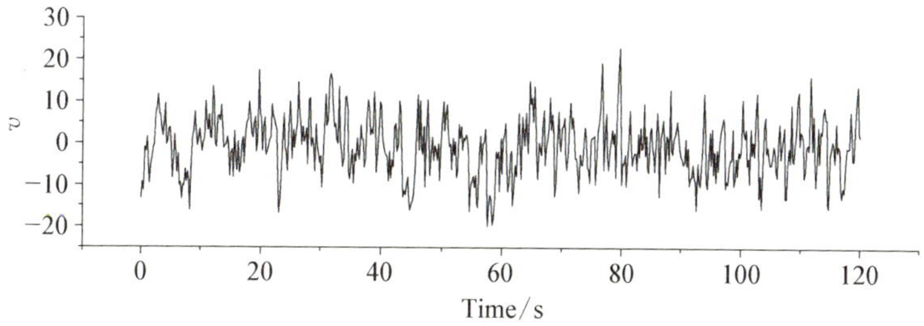

图 4－2　脉动风速时程

图 4-3—图 4-8 为东海大桥主桥在风速为 100 m/s 时跨中侧向、竖向及扭转抖振响应 600 s 时程，分别采用式(4-2)包括气动刚度与平均风效应影响的抖振力表达式及 Davenport 抖振力表达式两种方法计算。

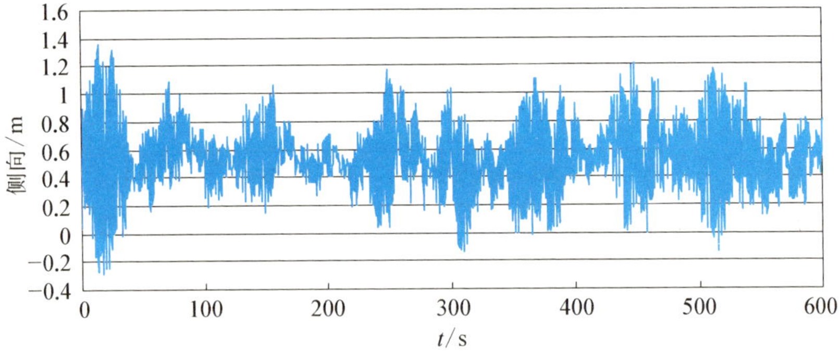

图 4-3　东海大桥 100 m/s 风速下跨中侧向抖振响应时程(修正)

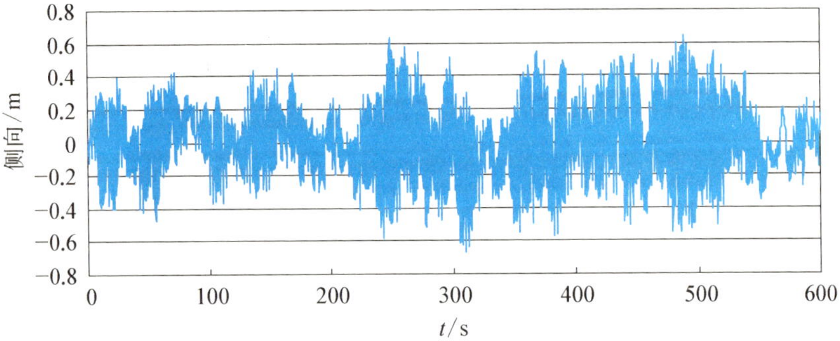

图 4-4　东海大桥 100 m/s 风速下跨中侧向抖振响应时程(不修正)

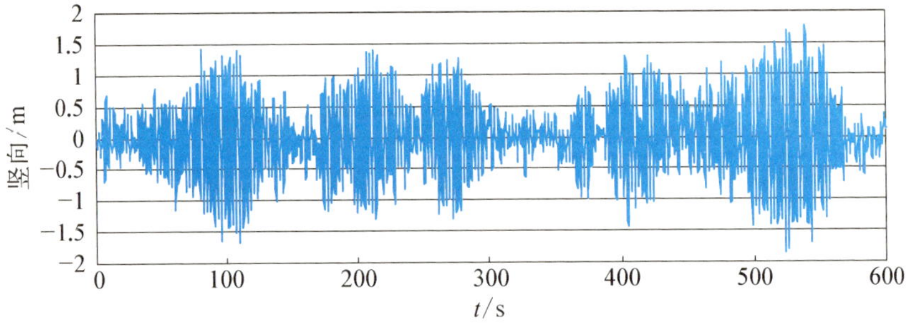

图 4-5　东海大桥 100 m/s 风速下跨中竖向抖振响应时程(修正)

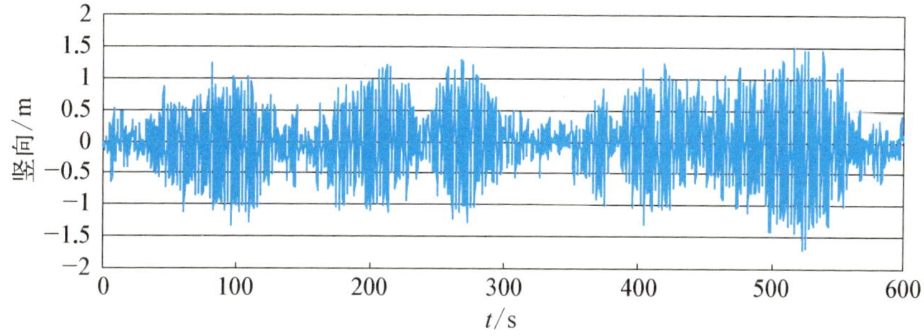

图 4－6　东海大桥 100 m/s 风速下跨中竖向抖振响应时程(不修正)

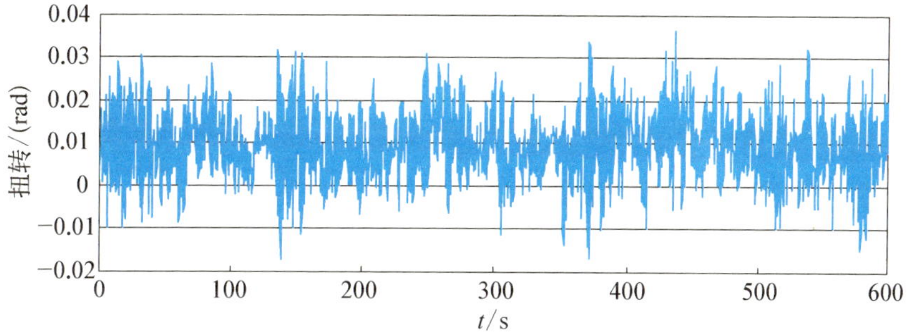

图 4－7　东海大桥 100 m/s 风速下跨中扭转抖振响应时程(修正)

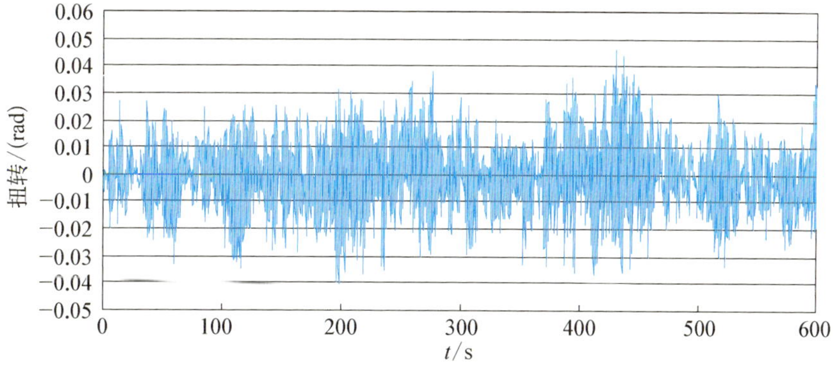

图 4－8　东海大桥 100 m/s 风速下跨中扭转抖振响应时程(不修正)

两种方法计算的均方差对比如表 4 - 1 所示：

表 4 - 1　东海大桥刚度修正与不修正抖振均方差计算对比

计 算 方 法	跨中侧向/m	跨中竖向/m	跨中扭转/deg
Davenport 模型	0.231 4	0.536 9	0.777 5
本文模型	0.057 5	0.344 6	0.448 0
相差/%	−75.15	−35.82	−42.38

图 4 - 9 至图 4 - 14 分别为西堠门大桥主桥在风速为 60 m/s 时跨中侧向、竖向及扭转抖振响应 600 秒时程，分别采用式(4 - 2)包括气动刚度与平均风效应影响的抖振力表达式及 Davenport 抖振力表达式两种方法计算。

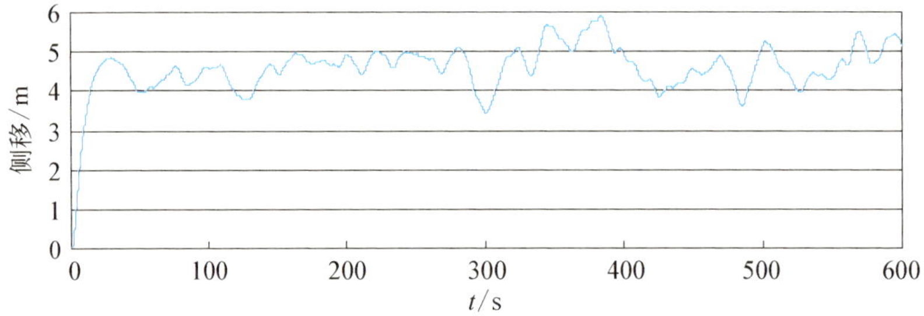

图 4 - 9　西堠门大桥 60 m/s 风速下跨中侧向抖振响应时程(修正)

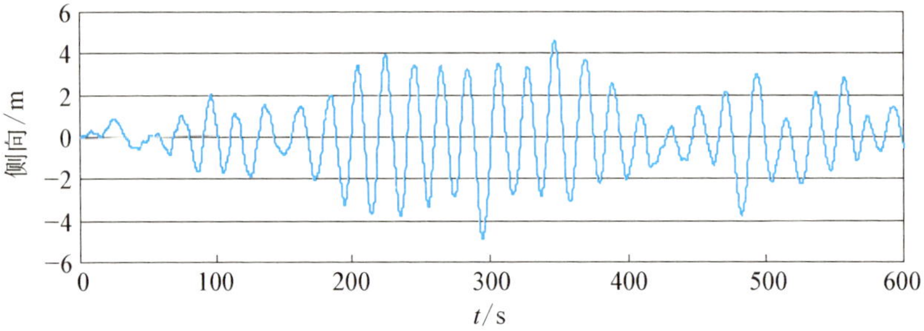

图 4 - 10　西堠门大桥 60 m/s 风速下跨中侧向抖振响应时程(不修正)

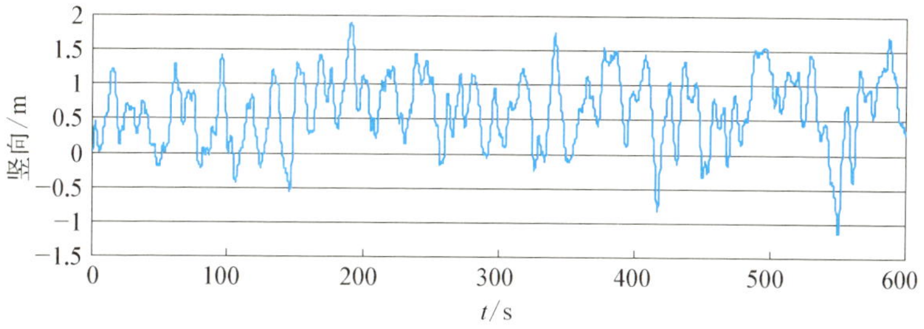

图 4-11　西堠门大桥 60 m/s 风速下跨中竖向抖振响应时程(修正)

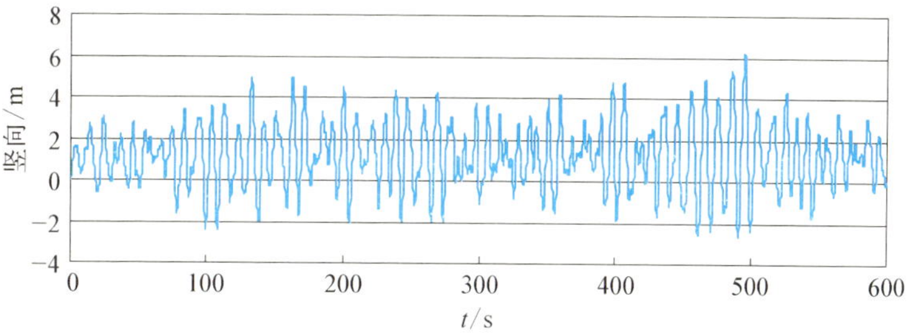

图 4-12　西堠门大桥 60 m/s 风速下跨中竖向抖振响应时程(不修正)

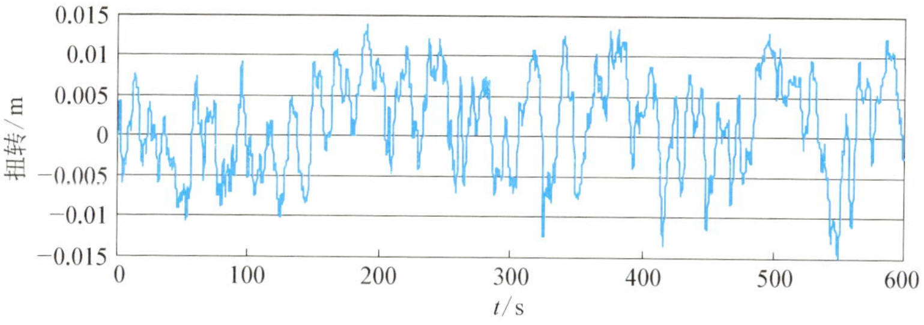

图 4-13　西堠门大桥 60 m/s 风速下跨中扭转抖振响应时程(修正)

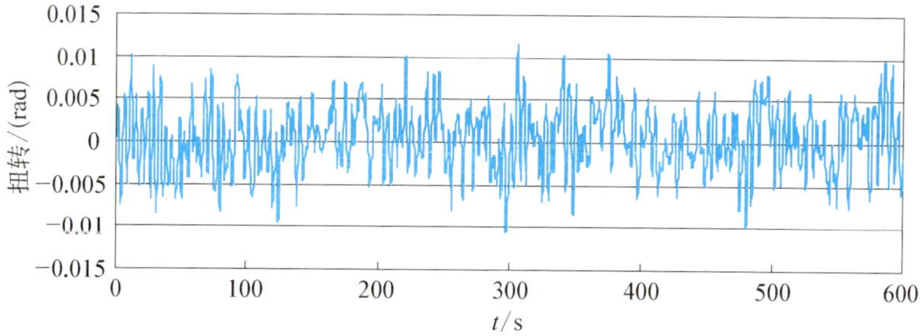

图 4-14　西堠门大桥 60 m/s 风速下跨中扭转抖振响应时程(不修正)

两种方法计算的均方差对比如表 4－2 所示：

表 4－2　西堠门大桥刚度修正与不修正抖振均方差计算对比

计 算 方 法	跨中侧向/m	跨中竖向/m	跨中扭转/deg
不修正模型	1.728 4	1.562 6	0.214 7
本文模型	0.476 3	0.525 0	0.346 9
相差/%	−72.4	−66.4	61.6

为了与全桥气弹模型的实测结果相比较，表 4－3 列出了东海大桥平均风速 90 m/s 时域计算抖振响应均方差与全桥模型试验结果的对比。从表中可以看出，采用本文抖振计算模型计算的侧向、竖向抖振响应与全桥模型试验结果比较接近，但扭转响应有较大的差距；而采用 Davenport 模型计算的扭转响应与模型试验较接近，但侧向与竖向响应相差较大。

表 4－3　东海大桥抖振计算值与试验对比

	跨中侧向/m	跨中竖向/m	跨中扭转/deg
不修正模型	0.187 4	0.434 9	0.629 8
本文模型	0.046 5	0.279 1	0.362 9
全桥模型试验值	0.073 0	0.228 7	0.884 3

4.5　抖振响应影响因素的探讨

4.5.1　几何非线性影响

大跨度桥梁结构非线性特性十分显著，而抖振响应也势必会受到非线性因素的影响。本文时域计算程序可充分考虑结构几何非线性的影响，因此对比一下时域与频域的抖振计算结果就可以粗略地估计一下非线性因素对大跨度桥梁抖振响应的影响。

表 4－4 为东海大桥的抖振响应计算对比。

表 4－4　东海大桥抖振响应均方差时域频域计算对比

	竖向/m		侧向/m		扭转/deg	
	时域	频域	时域	频域	时域	频域
不修正模型	0.536 9	0.840 4	0.231 4	0.279 8	0.777 5	1.246 6
本文模型	0.344 6	0.296 4	0.057 5	0.271 6	0.448	0.778 4

注：本文抖振模型时域计算结果没有包含气动阻尼的影响。

表 4－5 为西堠门大桥的抖振响应计算对比。

表 4－5　西堠门大桥抖振响应均方差时域频域计算对比

	竖向/m		侧向/m		扭转/deg	
	时域	频域	时域	频域	时域	频域
不修正模型	1.728 4	2.106 9	1.562 6	2.331 6	0.214 7	0.518 7
本文模型	0.476 3	1.145 4	0.525 0	2.330 9	0.346 9	0.478 0

注：本文抖振模型时域计算结果没有包含气动阻尼的影响。

在表 4－4 与表 4－5 中，对于 Davenport 抖振模型，时域与频域的差别来源于两个方面，其一是非线性影响因素，在频域内的计算是忽略了结构的几何非线性影响的结果；其二是各态历经性，在时域内的计算是基于某一 10 分钟的风速时程的计算结果，由于时程长度的限制，单一样本的计算结果具有一定的随机性。对于本文抖振模型，除上述两点外还有一方面的影响，时域内的计算是包含了静风力作用的，而频域内则是无法全面考虑静风力影响的。

表 4－6 为西堠门大桥时域内考虑几何非线性与忽略几何非线性影响的计算结果以及频域内计算结果的对比，计算方法采用不包含静风力影响

与气动刚度影响的Davenport抖振模型。

表4-6 西堠门大桥抖振响应均方差对比

	竖向/m	侧向/m	扭转/deg
时域线性	2.0677	1.7605	0.4475
频域线性	2.1069	2.3316	0.5187
时域非线性	1.7284	1.5626	0.2147

从表4-6可以看出，时域内采用线性方法的计算结果与频域内的计算方法是比较接近的，因此计算时程长度的影响是相对次要的，时域与频域计算差别的主要来源是非线性因素的影响。

跨径越大，非线性特性越强。从以上两表东海大桥及西堠门大桥的时域、频域计算结果的对比可以发现，对于大跨度柔性结构，采用忽略非线性影响的频域分析方法是导致抖振计算结果失真的原因之一。

4.5.2 静风预张力影响

对于静风荷载的影响，以往的研究认为其作用局限于两点，其一就是攻角效应；其二就是对结构模态与频率的影响。实际处理时，常常把平均风引起的静位移加上抖振响应就得到结构的总响应。这种叠加的方法，无论是在频域或者是在时域内，其最终结果是考虑了次要的影响因素而忽略了主要的影响因素。

图4-15、图4-16、图4-17分别为只考虑脉动风与考虑实时风荷载时西堠门大桥侧向、竖向及扭转抖振动力响应时程曲线。

脉动风与实时风的区别体现在下式：

$$U(t)=\overline{U}+u(t) \tag{4-60}$$

式中，$U(t)$为实时风，$\overline{U}$为平均风，$u(t)$为脉动风。脉动风荷载表达式可用式(4-1)表示，实时风荷载可用式(4-2)与式(4-3)表示。

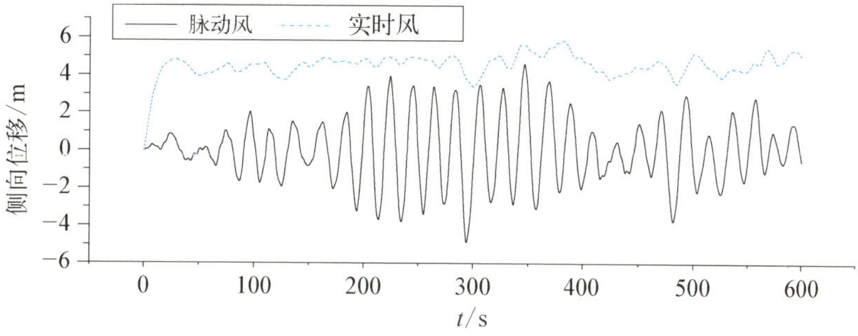

图 4-15　西堠门大桥侧向抖振响应

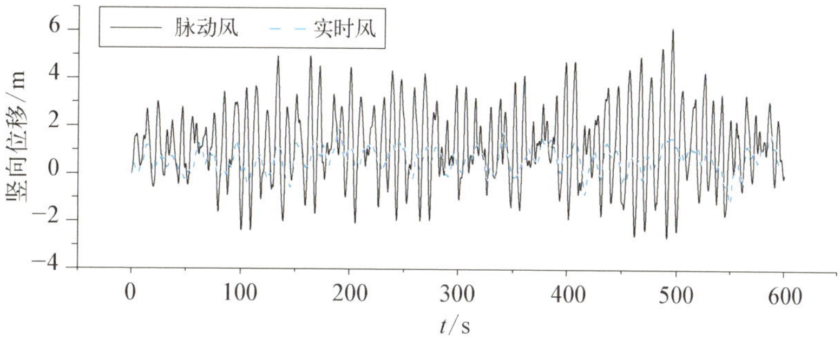

图 4-16　西堠门大桥竖向抖振响应

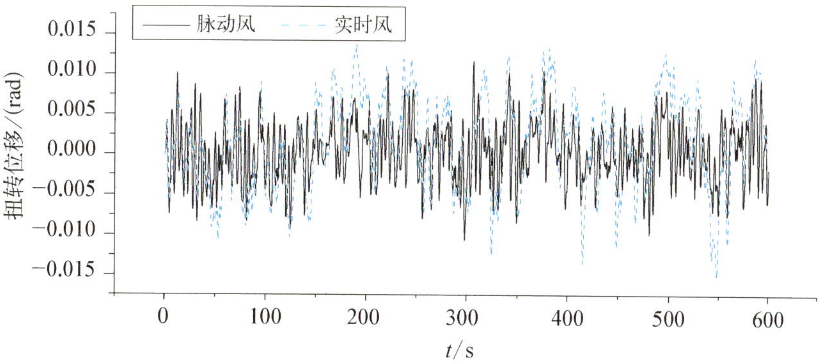

图 4-17　西堠门大桥扭转抖振响应

平均风效应不仅仅是一个均值的问题，其关键影响是对抖振振幅的影响，从图中可以看出，对于侧向抖振响应与竖向抖振响应十分显著。对于西堠门大桥这种超大跨度的悬索桥，只考虑脉动风时，细长的加劲梁相当一根无初应力的“弦”，这与实际承受 60 m/s 风荷载预张力的“弦”是两个完全不同的响应体系。从表 4－1 与表 4－2 可见平均风预张力效应对抖振振幅的影响。因此，时域内将平均风与脉动风分开考虑是不可取的，实际上完全考虑平均风效应与脉动风高阶项并不使得计算过程复杂化；频域内则是无法考虑平均风这种预张力效应的，因为考虑这种效应有一前提，就是全面考虑几何非线性，而频域内充其量就是考虑这一预张力对振型与频率的影响以及初应力刚度矩阵，但这似乎微不足道。

图 4－18 为西堠门大桥背风面边跨与中跨主缆在 0 m/s 风速、60 m/s 风速以及 125 m/s 下的轴力分布图，图 4－19 为迎风面边跨与中跨主缆在 0 m/s 风速、60 m/s 风速以及 125 m/s 下的轴力分布图。60 m/s 风速下主缆轴力变化幅约为 700 ton。除轴力变化外，还有一个影响因素，即变形后的主缆成为空间主缆，与变形前平面主缆相比，其保向力的影响也值得深入研究。

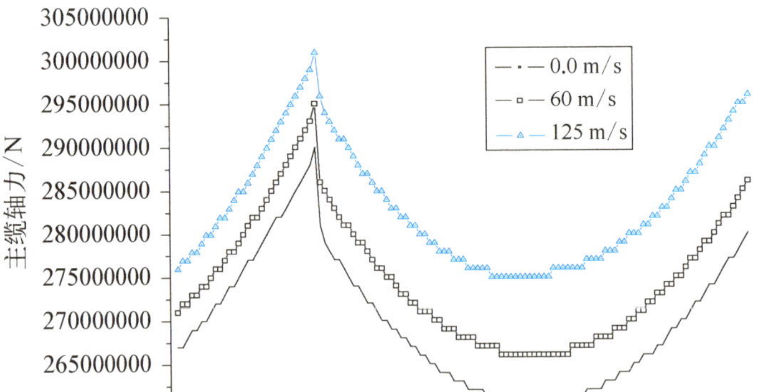

图 4－18　西堠门大桥背风面主缆轴力图

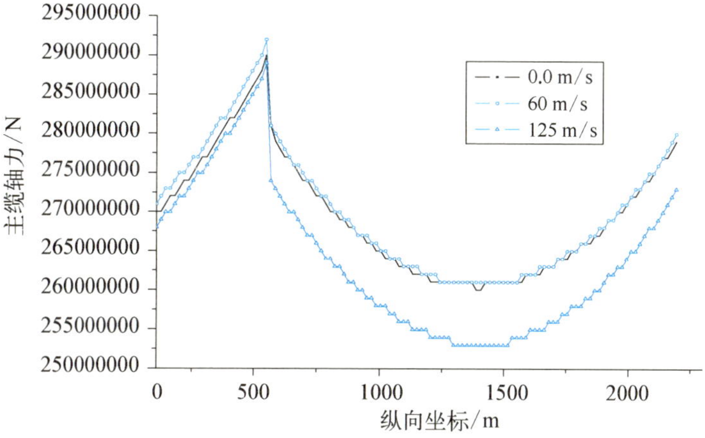

图 4-19 西堠门大桥迎风面主缆轴力图

图 4-20 为西堠门大桥在 0 m/s、60 m/s 风速下的加劲梁轴力图，图 4-21 为西堠门大桥在风速 125 m/s 时加劲梁轴力图。从两图的对比可以看出，大跨度悬索桥主梁轴力随风速增长而增加的非线性性质十分明显，60 m/s 风速时，主梁轴力增幅约为 100 kN(然而此时主缆的轴力增长显著)，而当风速增加到 125 m/s 时，主梁轴力增长幅度达 7 500 kN。

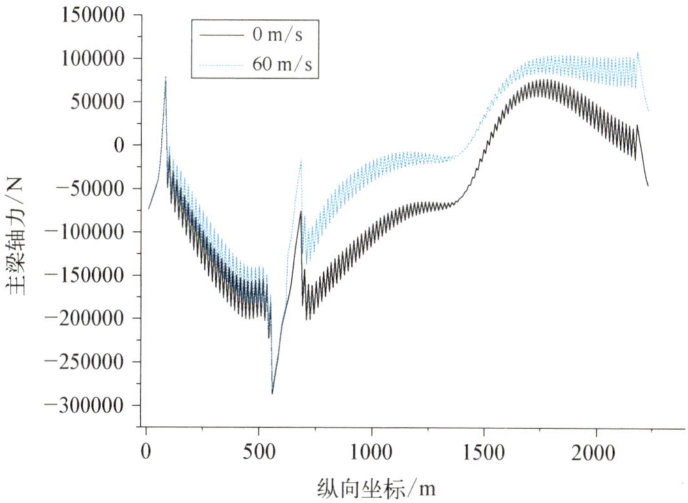

图 4-20 西堠门大桥加劲梁轴力图(风速 0 m/s,60 m/s)

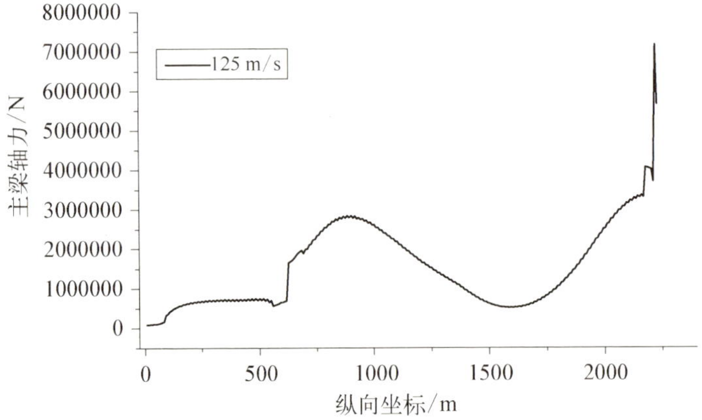

图 4-21　西堠门大桥加劲梁轴力图(风速 125 m/s)

对于扭转抖振响应,这种预张力效应似乎没有十分明显的影响,但这并不能代表真实的情况,因为本文计算中采用的是空间梁单元,而预张力对扭转的影响在仅考虑轴向力初应力矩阵的空间梁单元中不能得到体现,因此要考虑轴向力对结构扭转刚度的影响,须采用空间壳单元对结构进行有限元离散,以便得到精细化的分析结果。

4.6　本章小结

通过本章对大跨度桥梁抖振响应的时域研究可以得出以下结论:

1. 对于大跨度桥梁结构,结构几何非线性的影响在抖振响应分析中是不可忽略的,忽略结构非线性性质的频域抖振分析法会导致偏大的结果。

2. 对于大跨度柔性桥梁结构,平均风"预张力"效应对抖振响应的影响不可忽略,忽略平均风"预张力"效应会导致侧向响应与竖向响应偏大的结果,如本文对东海大桥与西堠门大桥的计算表明,其影响均在 35%以上。

第5章 风致动力稳定分析

桥梁风致失稳包括静力失稳与动力失稳两个方面，而对于大跨度桥梁而言，风致动力失稳主要是指颤振发散。颤振发散的计算有频域与时域方法，无论是频域还是时域，颤振临界风速的计算依赖于试验识别的气动导数，因而可以认为，计算上成功与否，关键在于与试验测得的差别。时域内颤振稳定性的计算，国内外已有相当的研究，其关键之处在于自激力的时域表达，本章内容是对颤振时域分析的一种新尝试。

5.1 自激力时域表达

结构在自激力与抖振力作用下运动方程为：

$$M\ddot{Z}+C\dot{Z}+KZ=F_{\mathrm{se}}+F_{\mathrm{b}} \tag{5-1}$$

式中，M, C, K 分别为结构的质量、阻尼与刚度矩阵；Z 为结构结点位移向量；F 表示结点力向量，下标分别代表自激力与紊流产生的抖振力部分。

对于纯粹的简谐运动，单位长度结构所受的气动阻力、升力与升力矩可按 Scanlan 的提议用气动导数表示为：

$$D_{ae}=\frac{1}{2}\rho U^2(2B)\left[KP_1^*\frac{\dot{p}}{U}+KP_2^*\frac{b\dot{\alpha}}{U}+K^2P_3^*\alpha+K^2P_4^*\frac{p}{b}+KP_5^*\frac{\dot{h}}{U}+K^2P_6^*\frac{h}{b}\right] \tag{5-2a}$$

$$L_{ae}=\frac{1}{2}\rho U^2(2B)\left[KH_1^*\frac{\dot{h}}{U}+KH_2^*\frac{b\dot{\alpha}}{U}+K^2H_3^*\alpha+K^2H_4^*\frac{h}{b}+KH_5^*\frac{\dot{p}}{U}+K^2H_6^*\frac{p}{b}\right] \tag{5-2b}$$

$$M_{ae}=\frac{1}{2}\rho U^2(2B^2)\left[KA_1^*\frac{\dot{h}}{U}+KA_2^*\frac{b\dot{\alpha}}{U}+K^2A_3^*\alpha+K^2A_4^*\frac{h}{b}+KA_5^*\frac{\dot{p}}{U}+K^2A_6^*\frac{p}{b}\right] \tag{5-2c}$$

式中，ρ为空气密度；U 为平均风速；K $(K=\omega b/U)$ 为折算频率；H_i^*，P_i^*，A_i^* $(i=1\sim 6)$ 为加劲梁断面颤振气动导数。

结构任意运动引起的单位长度自激力也可以用卷积积分表达如下(Lin and Yang，1983)[79]：

$$L_{se}(t)=\frac{1}{2}\rho U^2\int_{-\infty}^{+\infty}[I_{L_{seh}}(t-\tau)h(\tau)+I_{L_{sep}}(t-\tau)p(\tau)+I_{L_{se\alpha}}(t-\tau)\alpha(\tau)]\mathrm{d}\tau \tag{5-3a}$$

$$D_{se}(t)=\frac{1}{2}\rho U^2\int_{-\infty}^{+\infty}[I_{D_{seh}}(t-\tau)h(\tau)+I_{D_{sep}}(t-\tau)p(\tau)+I_{D_{se\alpha}}(t-\tau)\alpha(\tau)]\mathrm{d}\tau \tag{5-3b}$$

$$M_{se}(t)=\frac{1}{2}\rho U^2\int_{-\infty}^{+\infty}[I_{M_{seh}}(t-\tau)h(\tau)+I_{M_{sep}}(t-\tau)p(\tau)+I_{M_{se\alpha}}(t-\tau)\alpha(\tau)]\mathrm{d}\tau \tag{5-3c}$$

式中，I 为位移引起的自激力单位脉冲响应函数，对式(5-2)与式(5-3)分别进行傅立叶变换后比较相应部分，可得脉冲响应函数与气动导数的关系如下：

$$
\begin{aligned}
&\bar{I}_{L_{seh}} = 2k^2(H_4^* + iH_1^*);\ \bar{I}_{L_{sep}} = 2k^2(H_6^* + iH_5^*);\\
&\bar{I}_{L_{sea}} = 2k^2 b(H_3^* + iH_2^*)\\
&\bar{I}_{D_{seh}} = 2k^2(P_6^* + iP_5^*);\ \bar{I}_{D_{sep}} = 2k^2(P_4^* + iP_1^*);\\
&\bar{I}_{D_{sea}} = 2k^2 b(P_3^* + iP_2^*)\\
&\bar{I}_{M_{seh}} = 2k^2 b(A_4^* + iA_1^*);\ \bar{I}_{M_{sep}} = 2k^2 b(A_6^* + iA_5^*);\\
&\bar{I}_{M_{sea}} = 2k^2 b^2(A_3^* + iA_2^*)
\end{aligned}
\tag{5-4}
$$

式中，上横线表示傅立叶变换，含有 i 的项表示虚部。根据式(5-3)自激力能够用结构位移与其相应的转换函数的乘积来表示，由于实测的颤振导数只是在有限的离散点为已知，因此，必须引入一个近似的连续函数来对式(5-3)进行描述，通常选用 Roger 的有理函数表达式，于是式(5-4)可以写成(以竖向位移引起的升力脉冲为例)：

$$
\bar{I}_{L_{seh}}(i\omega) = A_1 + A_2\left(\frac{i\omega b}{U}\right) + A_3\left(\frac{i\omega b}{U}\right)^2 + \sum_{l=1}^{m}\frac{A_{l+3}\, i\omega}{i\omega + \dfrac{d_l U}{b}} \tag{5-5}
$$

式中，A_1、A_2、A_3、A_{l+3}、d_l($d_l \geqslant 0$; $l = 1, \cdots, m$) 都是与频率无关的系数；第一项与第二项分别表示非周期性的静力作用与气动阻尼项；第三项表示气动质量项，该项通常可以忽略；有理项表示滞后于速度的非定常气动力成分，其时间滞后可近似通过正的 d_l 参数来实现。m 的大小决定了这种近似的精度与附加方程的数量。以上所有这些参数可通过实测颤振导数的非线性最小二乘法来拟合得到。

对式(5-5)做傅立叶变换并忽略与气动质量有关的第三项可得：

$$
I_{L_{seh}}(t) = A_1\delta(t) + A_2\frac{b}{U}\dot{\delta}(t) + \delta(t)\sum_{l=3}^{m}A_l - \sum_{l=3}^{m}A_l d_l \frac{U}{b}\exp\left(-\frac{d_l U}{b}t\right) \tag{5-6}
$$

将上式代入式(5-3)可得：

$$L_{\mathrm{se}h}(t)=\frac{1}{2}\rho U^2\left[\left(A_1+\sum_{l=3}^{m}A_l\right)h(t)+A_2\frac{b}{U}\dot{h}(t)-\right.$$
$$\left.\sum_{l=3}^{m}A_l d_l\frac{U}{b}\int_{-\infty}^{t}\mathrm{e}^{-\frac{d_l U}{b}(t-\tau)}h(\tau)\mathrm{d}\tau\right] \tag{5-7}$$

对上式右边括号内最后一项做分部积分可得：

$$L_{\mathrm{se}h}(t)=\frac{1}{2}\rho U^2\left[A_1 h(t)+A_2\frac{b}{U}\dot{h}(t)+\sum_{l=3}^{m}A_l\int_{-\infty}^{t}\mathrm{e}^{-\frac{d_l U}{b}(t-\tau)}\dot{h}(\tau)\mathrm{d}\tau\right] \tag{5-8a}$$

同样，可得到其他分力表达式如下：

$$L_{\mathrm{se}p}(t)=\frac{1}{2}\rho U^2\left[A_1 p(t)+A_2\frac{b}{U}\dot{p}(t)+\sum_{l=3}^{m}A_l\int_{-\infty}^{t}\mathrm{e}^{-\frac{d_l U}{b}(t-\tau)}\dot{p}(\tau)\mathrm{d}\tau\right] \tag{5-8b}$$

$$L_{\mathrm{se}\alpha}(t)=\frac{1}{2}\rho U^2\left[A_1 \alpha(t)+A_2\frac{b}{U}\dot{\alpha}(t)+\sum_{l=3}^{m}A_l\int_{-\infty}^{t}\mathrm{e}^{-\frac{d_l U}{b}(t-\tau)}\dot{\alpha}(\tau)\mathrm{d}\tau\right] \tag{5-8c}$$

$$D_{\mathrm{se}h}(t)=\frac{1}{2}\rho U^2\left[A_1 h(t)+A_2\frac{b}{U}\dot{h}(t)+\sum_{l=3}^{m}A_l\int_{-\infty}^{t}\mathrm{e}^{-\frac{d_l U}{b}(t-\tau)}\dot{h}(\tau)\mathrm{d}\tau\right] \tag{5-8d}$$

$$D_{\mathrm{se}p}(t)=\frac{1}{2}\rho U^2\left[A_1 p(t)+A_2\frac{b}{U}\dot{p}(t)+\sum_{l=3}^{m}A_l\int_{-\infty}^{t}\mathrm{e}^{-\frac{d_l U}{b}(t-\tau)}\dot{p}(\tau)\mathrm{d}\tau\right] \tag{5-8e}$$

$$D_{\mathrm{se}\alpha}(t)=\frac{1}{2}\rho U^2\left[A_1 \alpha(t)+A_2\frac{b}{U}\dot{\alpha}(t)+\sum_{l=3}^{m}A_l\int_{-\infty}^{t}\mathrm{e}^{-\frac{d_l U}{b}(t-\tau)}\dot{\alpha}(\tau)\mathrm{d}\tau\right] \tag{5-8f}$$

$$M_{seh}(t)=\frac{1}{2}\rho U^2\left[A_1h(t)+A_2\frac{b}{U}\dot{h}(t)+\sum_{l=3}^{m}A_l\int_{-\infty}^{t}e^{-\frac{d_lU}{b}(t-\tau)}\dot{h}(\tau)d\tau\right] \tag{5-8g}$$

$$M_{sep}(t)=\frac{1}{2}\rho U^2\left[A_1p(t)+A_2\frac{b}{U}\dot{p}(t)+\sum_{l=3}^{m}A_l\int_{-\infty}^{t}e^{-\frac{d_lU}{b}(t-\tau)}\dot{p}(\tau)d\tau\right] \tag{5-8h}$$

$$M_{se\alpha}(t)=\frac{1}{2}\rho U^2\left[A_1\alpha(t)+A_2\frac{b}{U}\dot{\alpha}(t)+\sum_{l=3}^{m}A_l\int_{-\infty}^{t}e^{-\frac{d_lU}{b}(t-\tau)}\dot{\alpha}(\tau)d\tau\right] \tag{5-8i}$$

需要指出的是，以上各式中，参数 A_l，d_l 相对不同的分量来说是不同的，各分量的参数需要独立地使用最小二乘法来拟合，这里为了表达方便而没有区分开来。

对式(5-5)的拟合是一个非线性最小二乘法问题，拟合结果通常是所选初始迭代值邻近范围内的局部最优解，因而拟合结果对初始猜想值非常敏感，文献[96]采用非线性最小二乘法对式(5-5)进行拟合时，要变换多次初始值，不停地试算才能得到较为理想的结果。本文在采用非线性最小二乘法对式(5-5)进行拟合时，深感试算法的困难，即使多次变换初始值也常常难以得到一个结果使得拟合曲线与试验数据的方差达到令人满意的程度，且试算法人为参与程度太高，妨碍了颤振时域分析的计算机自动化程度。

在研究中发现，无目的地选用初始值按非线性最小二乘法得到的局部最优解，其拟合精度甚至远比不上先猜想非线性系数，而线性系数则直接按最优化理论求得的解。为此，本文提出一种搜索法与线性最优化理论相结合的方法，可一次性解决式(5-5)的拟合问题，所得的结果接近全局最优解。以下简要说明计算方法：

结合式(5-5)与式(5-4)，将方程两边实部与虚部分离并忽略气动质量项可得：

$$\frac{A_1}{2k^2}+\sum_l \frac{A_{l+2}}{2d_l^2+2k^2}=H_4^*(k) \tag{5-9a}$$

$$\frac{A_2}{2k}+\sum_l \frac{A_{l+2}d_l}{2d_l^2k+2k^3}=H_1^*(k) \tag{5-9b}$$

实部与虚部须结合起来考虑，以上两式可转化为以下最优化问题：

$$F(A_1, A_2, \cdots, d_1, d_2, \cdots)=\sum_n\left\{\left[H_4^*(k_n)-\frac{A_1}{2k_n^2}-\sum_l \frac{A_{l+2}}{2d_l^2+2k_n^2}\right]^2+\left[H_1^*(k_n)-\frac{A_2}{2k_n}-\sum_l \frac{A_{l+2}d_l}{2d_l^2k_n+2k_n^3}\right]^2\right\} \tag{5-10}$$

式中，n 为试验点数；k 为折算频率；A_i 为待求的拟合系数。上式的最小化问题也就是试验曲线与拟合曲线之间的最小方差问题，由于有位于分母的待拟合系数 d_i，因而是一个非线性最优化问题，现假设 d_i 为已知，则式(5-10)可转化为以下线性最优化问题：

$$F(A_1, A_2, \cdots)=\sum_n\left\{\left[H_4^*(k_n)-\frac{A_1}{2k_n^2}-\sum_l \frac{A_{l+2}}{2d_l^2+2k_n^2}\right]^2+\left[H_1^*(k_n)-\frac{A_2}{2k_n}-\sum_l \frac{A_{l+2}d_l}{2d_l^2k_n+2k_n^3}\right]^2\right\} \tag{5-11}$$

令：

$$f_1(k)=\frac{1}{2k^2} \tag{5-12}$$

$$f_i(k)=\frac{1}{2d_{i-1}^2+2k^2} \quad (i=2, 3, \cdots) \tag{5-13}$$

$$\phi_1(k)=\frac{1}{2k} \tag{5-14}$$

$$\phi_i(k)=\frac{d_{i+2}}{2d_{i-1}^2k+2k^3}\qquad(i=2,3,\cdots)\tag{5-15}$$

将以上 4 式代入式(5－11)并重新调整待求系数 A_i 的顺序，最后可得：

$$F(A_1,A_2,\cdots)=\sum_{j=1}^{n}\Big[\sum_{i=1}^{m}A_i f_i(k_j)-H_4^*(k_j)\Big]^2+\sum_{j=1}^{n}\Big[\sum_{i=1}^{m}A_{i+1}\phi_i(k_j)-H_1^*(k_j)\Big]^2\tag{5-16}$$

式(5－16)成了一个多元函数的极小值问题，对其中待拟合系数求导，由取极值的必要条件可得到法方程，只要法方程非奇异，则可唯一地求得待拟合的系数使得总方差最小。此时的结果即为给定 d_i 情况下的全局最优结果。以下的问题就只剩下 d_i 的搜索了，从 Roger 的有理函数的物理意义可知 d_i 为正数，于是可假定的变化范围为(0，100)，对每一个系数 d_i 都按步长为 0.01 去独立地进行搜索，每改变 d_i 的值，重新进行线性最优化求解，最后取总方差最小的一组数据作为最终拟合系数。计算表明，在给定有理项数下，此法已能足够精确地求得拟合系数。图 5－1、图 5－2 分别为东海大桥主航道桥 0°攻角下气动导数 A_2^* 和 A_2^* 的试验与拟合结果相对比的情况。图 5－3、图 5－4 分别为西堠门大桥 0°攻角下气动导数 A_2^* 和 A_2^* 的试验与拟合结果相对比的情况。

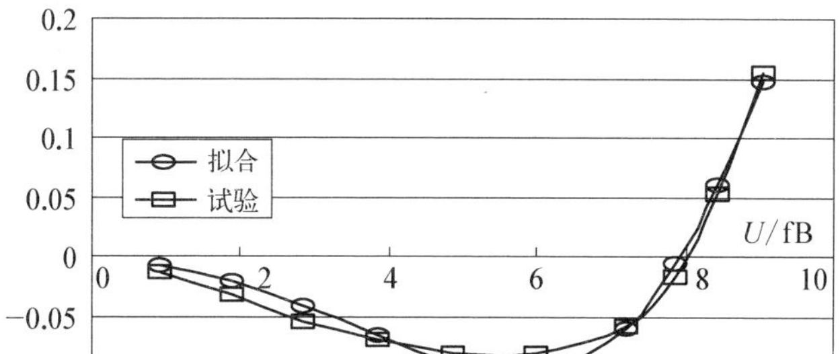

图 5－1　东海大桥 0°攻角气动导数 A_2

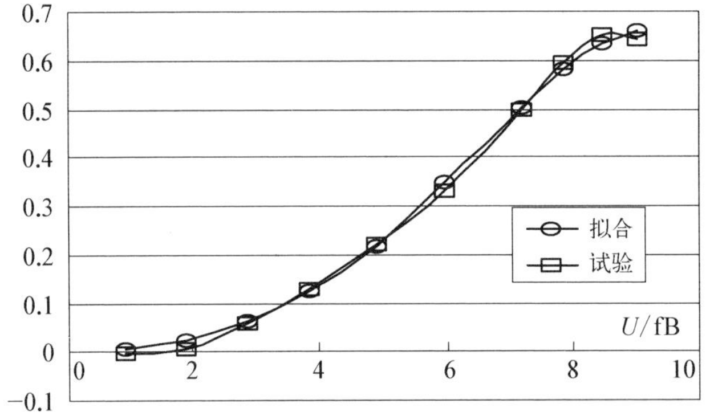

图 5-2　东海大桥 0°攻角气动导数 A_3

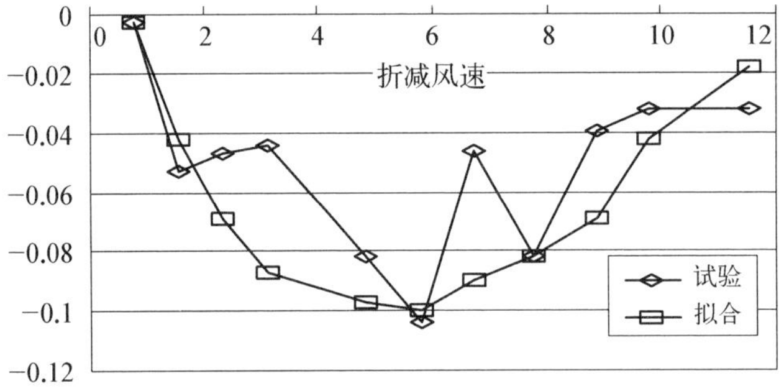

图 5-3　西堠门大桥 0°攻角气动导数 A_2

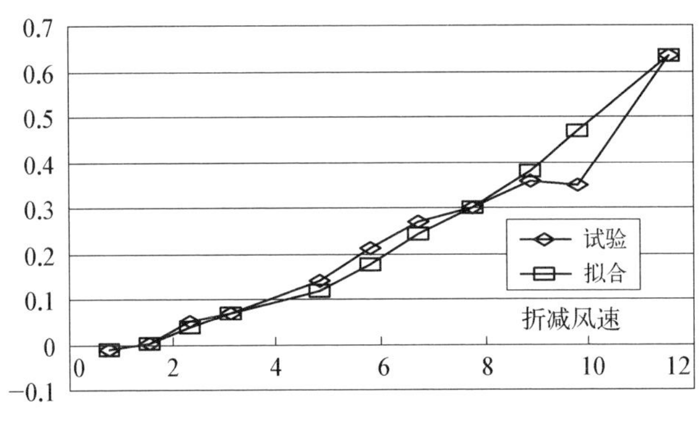

图 5-4　西堠门大桥 0°攻角气动导数 A_3

5.2　非线性有限元程序验证

为保证本文非线性有限元计算程序 PBRW 的可靠性，现选用图 5－5 所示悬臂梁在自重作用下的阶跃激励响应，验证程序选用 ANSYS 瞬态动力响应分析模块。

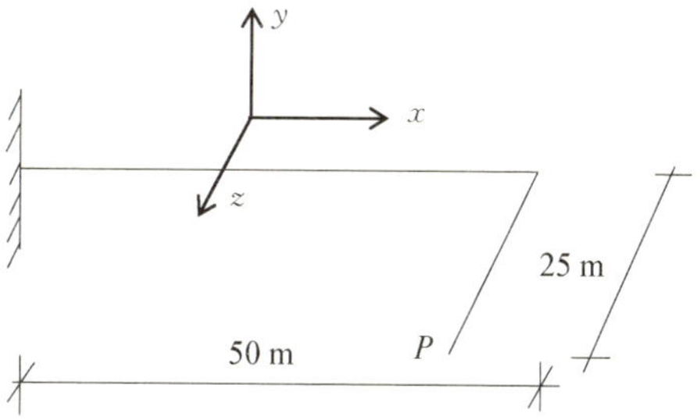

图 5－5

单元划分按等长度分成 15 个单元，弹性模量 $E = 2.1 \times 10\ \mathrm{N/m^2}$，泊松比取 0.3，侧向抗弯惯性矩 $I_y = 100\ \mathrm{m^4}$，竖向抗弯惯性矩 $I_z = 2.0\ \mathrm{m^4}$，抗扭惯性矩 $I_t = 4.0\ \mathrm{m^4}$，截面积 $= 1.0\ \mathrm{m^2}$，密度 $\rho = 78\ 500\ \mathrm{kg/m^3}$，重力加速度 $g = 9.81\ \mathrm{m/s^2}$。

采用 Newmark－β 法进行数值积分，积分常数取 $\alpha = 0.25$，$\delta = 0.5$，即完全排除数值阻尼的影响。计算时间历程取 5 秒，时间步长取 0.01 秒。图 5－6 为竖向位移响应计算结果的比较，图 5－7、图 5－8 分别为 P 点侧向与扭转位移时程的比较。可见本文计算结果与 ANSYS 瞬态动力有限元计算结果完全一致。

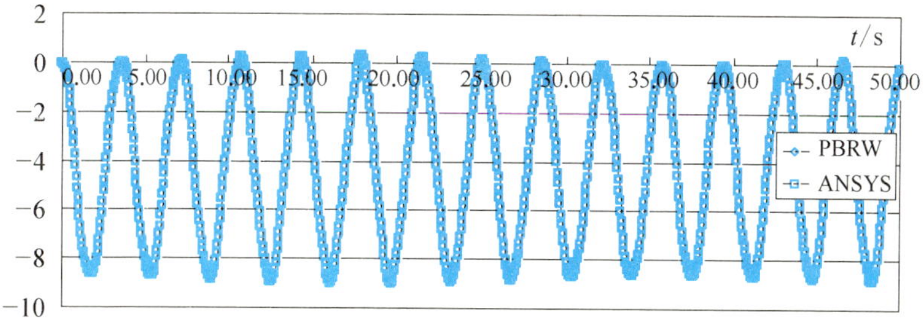

图 5－6　y 方向位移时程

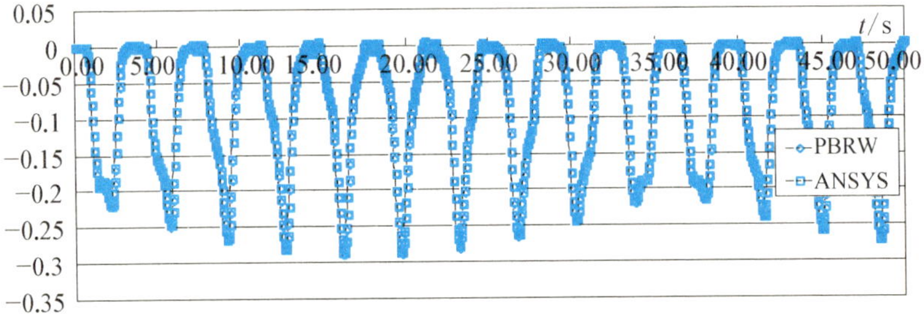

图 5-7 z 方向位移时程

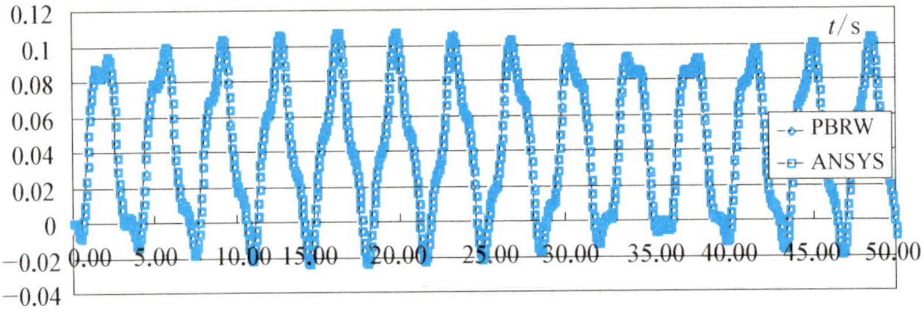

图 5-8 θ_x 方向位移时程

5.3 非线性颤振时域分析数值比较

5.3.1 东海大桥颤振分析

以东海大桥工程为背景，本文分析了其颤振稳定性。

结构阻尼模型采用瑞雷阻尼模型，控制阻尼比与频率分别取 0.007、0.008 以及 2.224 rad/s、3.849 rad/s。图 5-9 为东海大桥主梁 0°攻角的颤振导数，图 5-10 为东海大桥主梁+3°攻角的颤振导数。

东海大桥主航道是一主跨 420 m 的结合梁双塔单索面斜拉桥，其有限元单元模型如图 5-11 所示。

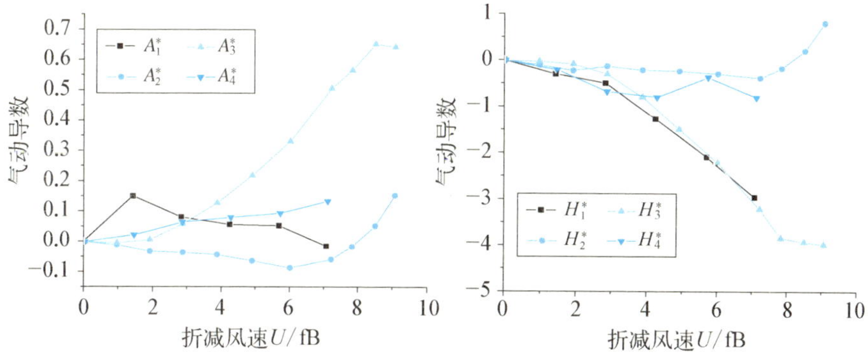

图 5 - 9　东海大桥主梁 0°攻角颤振导数

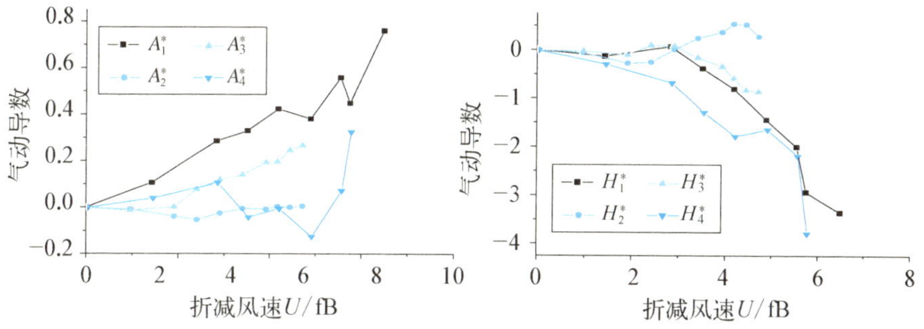

图 5 - 10　东海大桥+3°攻角颤振导数

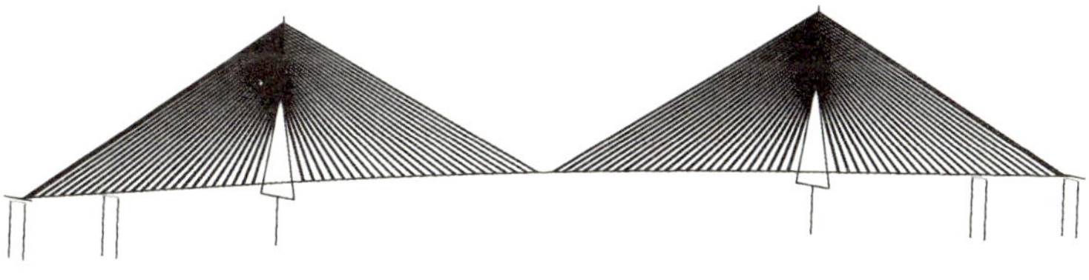

图 5 - 11　东海大桥有限元模型

0°攻角情况下，经计算风速一直到 120 m/s 无颤振发散现象，而+3°攻角下其颤振发散临界风速为 85 m/s，图 5 - 12—图 5 - 14 为东海大桥+3°攻角下风速为 80 m/s 时施加初始扰动的动力响应时程。

图 5 - 15—图 5 - 17 为东海大桥+3°攻角下风速为 85 m/s 时施加初始扰动的动力响应时程。

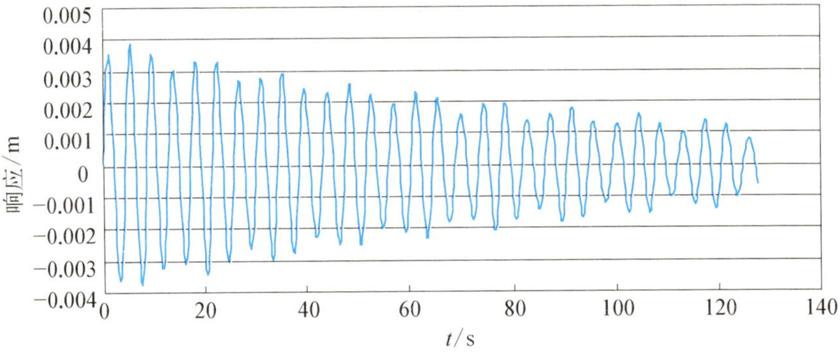

图 5-12　东海大桥+3°风速 80 m/s 侧向位移响应

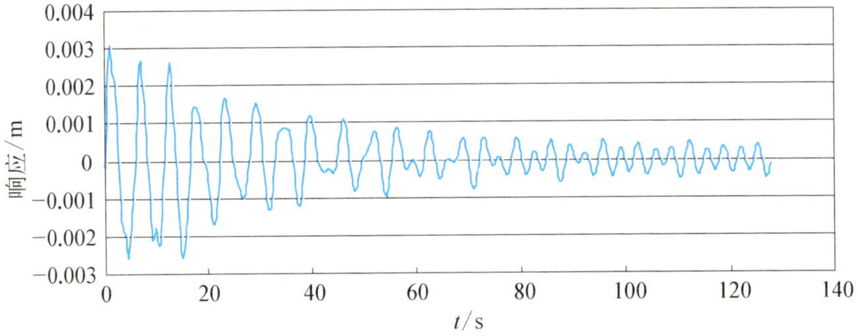

图 5-13　东海大桥+3°风速 80 m/s 竖向位移响应

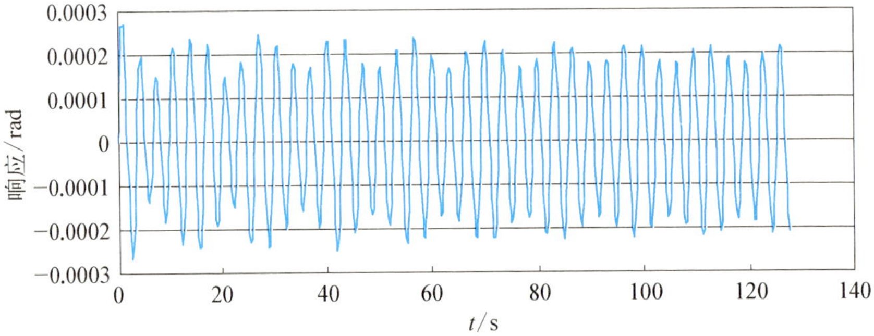

图 5-14　东海大桥+3°风速 80 m/s 扭转位移响应

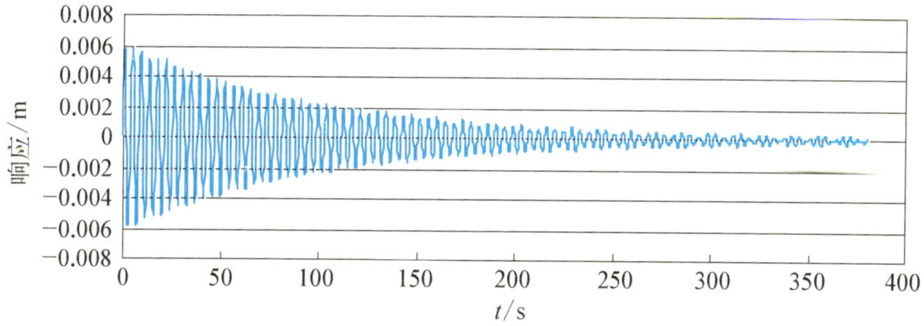

图 5－15　东海大桥＋3°风速 85 m/s 侧向位移响应

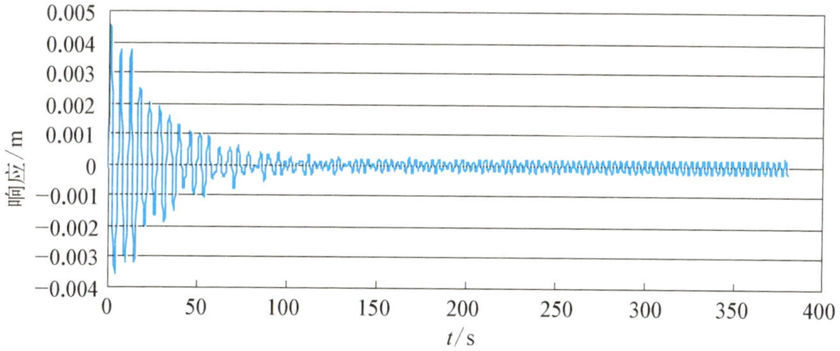

图 5－16　东海大桥＋3°风速 85 m/s 竖向位移响应

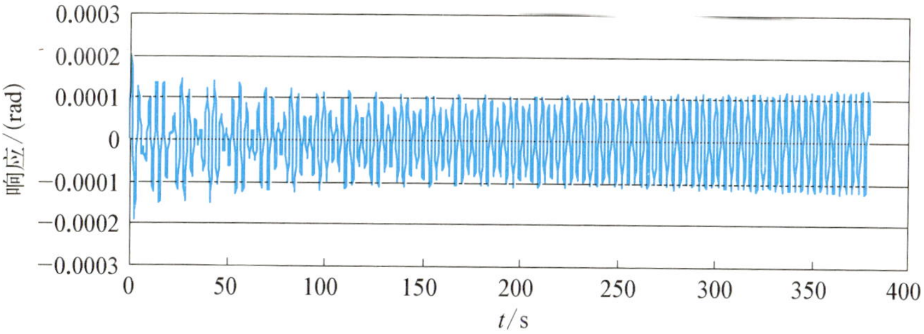

图 5－17　东海大桥＋3°风速 85 m/s 扭转位移响应

5.3.2　西堠门大桥颤振分析

浙江舟山大陆连岛工程的主体工程西堠门大桥是主跨 1 650 m 的分离

双钢箱梁悬索桥，其有限元模型如图 5-18 所示。

图 5-18　西堠门大桥有限元模型

结构阻尼采用瑞雷阻尼模型，计算中两控制阻尼比与频率分别为 0.009、0.011 以及 0.591 rad/s、1.444 rad/s。图 5-19 为主梁断面 0°攻角下的颤振导数。

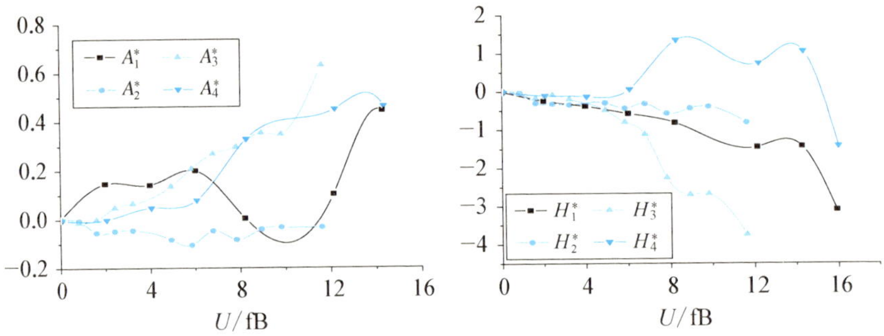

图 5-19　西堠门大桥主梁颤振导数-折减风速曲线

图 5-20、图 5-21、图 5-22 为西堠门大桥风速 84 m/s 时初始激励下的响应时程曲线。

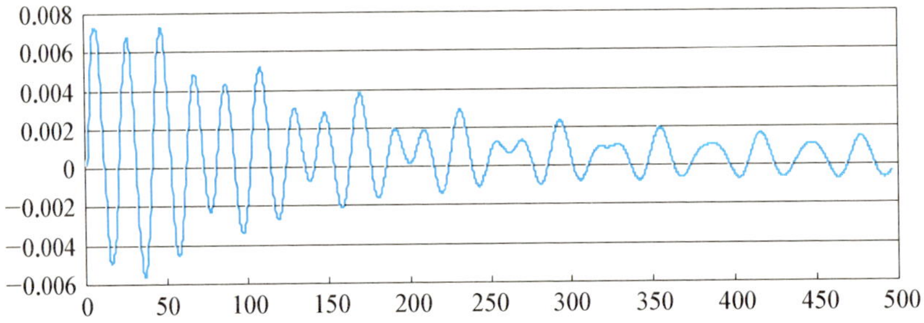

图 5-20　西堠门大桥 0°攻角 84 m/s 风速下跨中侧向位移时程(m)

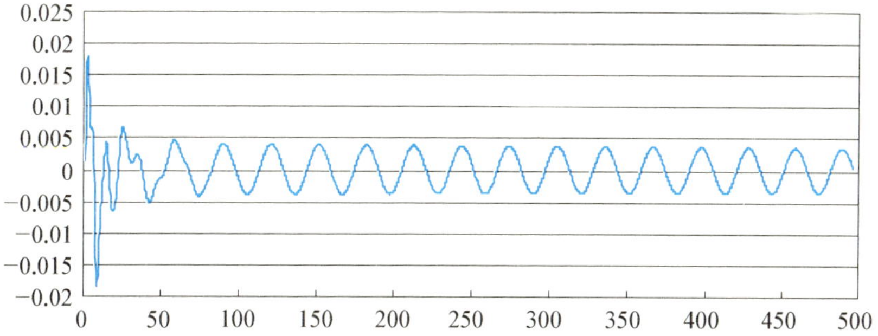

图 5－21　西堠门大桥 0°攻角 84 m/s 风速下跨中竖向位移时程(m)

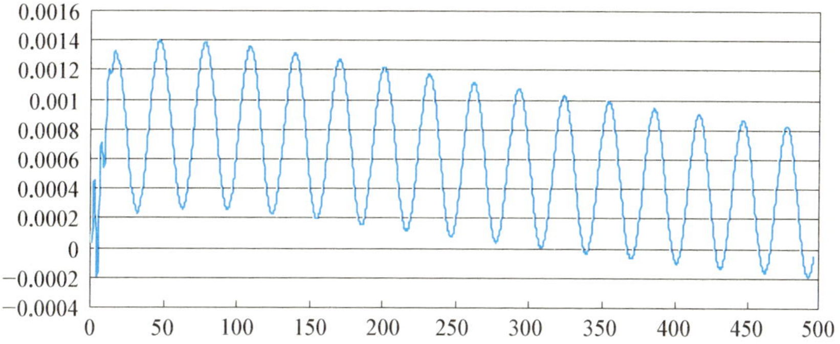

图 5－22　西堠门大桥 0°攻角 84 m/s 风速下跨中扭转位移时程(rad)

图 5－23、图 5－24、图 5－25 为西堠门大桥风速 86 m/s 时初始激励下的响应时程曲线。

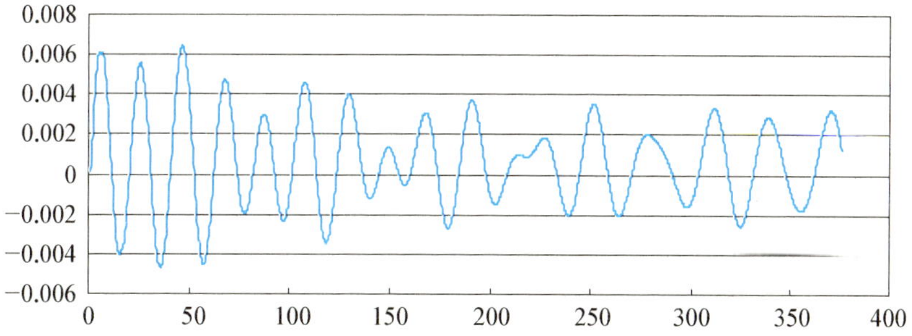

图 5－23　西堠门大桥 0°攻角 86 m/s 风速下跨中侧向位移时程(m)

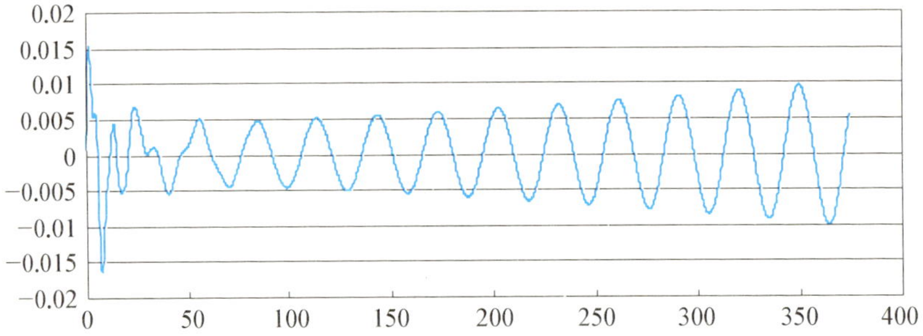

图 5－24　西堠门大桥 0°攻角 86 m/s 风速下跨中竖向位移时程(m)

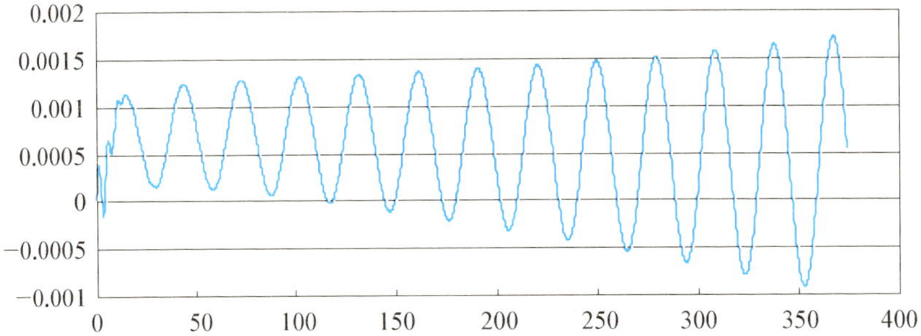

图 5－25　西堠门大桥 0°攻角 86 m/s 风速下跨中扭转位移时程(rad)

西堠门大桥节段模型试验中，0°攻角情况下在风速 100 m/s 下无颤振发散现象，然而计算结果发散临界风速却只有 84 m/s，这种差别的主要原因在于气动导数的试验识别质量，西堠门大桥节段模型试验气动导数与拟合出来的气动导数相比，两者相差较大。实际上，当试验测得的气动导数离散性较大时，拟合项取得再多，也难以得到理想的结果。

5.4　本章小结

本章从时域内解决大跨度桥梁结构在风荷载作用下的颤振稳定问题，在自激力的时域表达上，克服了以往采用的非线性最小二乘法进行拟合所存在的不足，即拟合系数对初始猜想系数高度敏感的问题。通过非线性项系数指定范围内的搜索方法，无须猜想初始拟合系数，拟合结果基本接近于全局最优解。通过对东海大桥与西堠门大桥的颤振稳定性分析表明，理论计算与风洞试验的结果能否有较好的吻合，关键在于试验测得的气动导数质量。

第6章 风致静力稳定性分析

现有静风稳定的三维分析都采用与结构动力响应时间无关的静力迭代方法，与结构静力非线性稳定问题中迭代方法不同的是，参与迭代的不仅仅是结构的内力增量或者位移增量，由位移增量控制的风荷载增量也要参与迭代，这就是所谓的内外增量双重迭代。但仍然留下一个问题没有解决，即脉动风引起的抖振对响应时间或者发散临界风速的影响。本章将采用动力有限元的方法研究大跨度桥梁风致静力扭转发散的机理以及抖振响应对静风稳定的影响。

6.1 现有静风稳定分析方法

大跨度悬索桥的静风失稳，通常是指悬索桥加劲梁在静力风荷载作用下发生的扭转发散现象。风荷载作用下，随着变形的增加，结构的整体刚度将不断改变；另一方面，随着结构变形的增加，静风荷载也呈现非线性的增长，即在风速不变的情况下，静风荷载也是结构变形的函数。对于加劲梁来说，静风荷载主要受扭转角的影响。当由结构变形引起的抗力增量小于外荷载增量时，就会发生结构失稳[89,92,97]。

文献[89]提出二维节段桥梁结构静力失稳临界风速的简单计算公式：

$$U_0=\sqrt{\frac{2K_\alpha}{\rho B^2 C'_{M0}}} \tag{6-1}$$

式中，K_α 为结构的扭转刚度；ρ 为空气密度；B 为桥面宽度；C'_{M0} 为扭转角为0时升力矩系数对扭转角的导数。公式(6-1)是基于小变形线性理论的结果，忽略了气动力矩随结构变形而变化和扭转角沿桥轴线不均匀分布的影响，同时也不考虑结构抗力的非线性因素以及初始攻角的影响。

考虑桥梁在平均风荷载作用下的静风稳定问题。桥梁结构在平均风作用下的静力扭转发散机理可以用图6-1清楚地表示[98]：图中曲线 W_1 是考虑结构姿态影响的非线性风荷载增量曲线，曲线 W_2 是不考虑结构姿态影响的线性风荷载曲线，R_1 是考虑非线性影响因素的结构抗力增量-风速曲线，R_2 是不考虑非线性因素的结构线性刚度。随着风速的增长，静风荷载增量沿图中的曲线 W_1 上升，结构抗力也同样会随着变形的发展而有所变化，如图中的曲线 R_1 所示，当结构抗力增量小于静风荷载增量时，结构出现不稳定的变形趋势，直到最后因变形过大而破坏。从图中可以看出，不考虑结构几何非线性与外荷载非线性的临界风速 V_0 或者考虑结构几何非线性而忽略荷载非线性的临界风速 V_1 都是偏于不安全的。

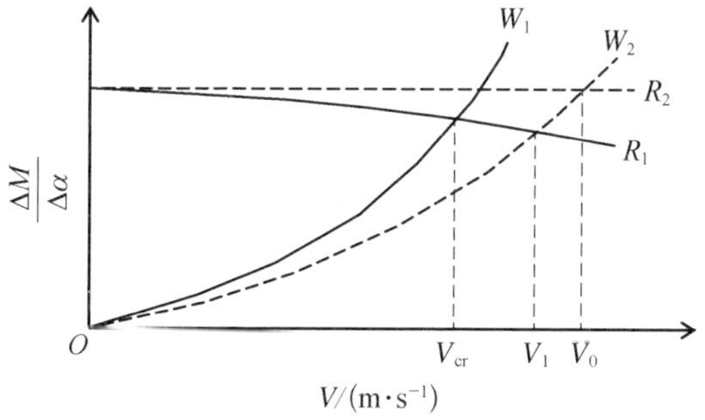

图6-1

文献[89]的方法实际上是一种理想化的第一类稳定问题，为全面考虑结构与气动力非线性的影响，国内外一些学者相继对大跨度桥梁的静风稳定问题进行了研究，最早由 Boonyapinyo 在 1994 年采用有限位移理论对大跨度斜拉桥的侧向弯扭屈曲问题做了空间非线性有限元分析[64]。此后，方明山、程进等对大跨度桥梁的静风稳定性做了进一步的研究[92,93,97,98]，考虑了结构的几何与材料非线性、扭转角沿桥轴线的不均匀分布以及初始攻角的影响，采用内增量与外增量结合的迭代方法建立如下有限元平衡方程：

$$[K(\delta)]\{\Delta\delta\} = \{\Delta P(\delta)\} \tag{6-2}$$

式中，$[K\{\delta\}]$为结构的切线刚度矩阵；$\{\Delta\delta\}$为结构位移增量向量；$\{\Delta P(\delta)\}$为结构所受外荷载增量向量。

可能发生的情况有两种：

(1) 在各级风速下结构都收敛。即随着外荷载的增加，结构变形不断增大，但总是存在一个位置使得结构在这个基础上再发生微小位移增量时，结构产生的抗力增量大于因位移增量引起的气动力增量，这个位置即对应结构在该级风速下的平稳点。这种情况下所求出的结果对应结构的极限承载力，而极限风速往往能达到非常高的程度，以至失去实际意义。

(2) 在某一级风速下，结构不再收敛。即到达该级风速后，结构在任意位置因变形增量产生的抗力增量小于因变形增量产生的气动力增量。这种情况下即得出结构静力扭转发散临界风速。

实际桥梁结构发生情况 1 还是情况 2 得根据具体的三分力系数随攻角的变化特性而定。

在结构所处流场为均匀流场且不考虑抖振响应的假设前提下，文献[33][92][97]等所提方法已经能够足够精确地确定结构的静力扭转发散临界风速，然而实际结构所处的流场常常为紊流风场，除了由平均风作用引起结构静位移之外，在脉动风作用下结构还将产生抖振位移，即使是在均匀流场中，也会引发尾流抖振。

以目前世界最大跨径的桥梁——日本明石海湾桥为例，该桥为主跨 1 991 m 的悬索桥，加劲梁为桁架结构，该桥在实际抖振计算时考虑了阻力方向的气动导纳，按平均风速为 60 m/s 计算，基于线性理论，加劲梁中部垂直方向、阻力方向及扭转角方向的抖振位移均方差为[30,31]：

$$\sigma_h = 0.5\ \text{m}$$

$$\sigma_p = 1.5\ \text{m}$$

$$\sigma_\alpha = 0.58^\circ$$

若取峰值因子 g 为 4，则可得垂直方向、阻力方向与扭转角方向的最大抖振位移分别为 2.0 m、6 m、2.32°。

显然，采用目前的方法计算桥梁结构静风扭转发散问题时无法解决如下问题：即抖振响应对结构静风稳定有何影响？如何影响？此问题的本质是桥梁在临近扭转恢复力丧失前抖振响应对扭转刚度 K 的扰动问题。

鉴于上述内外双重迭代方法的固有缺陷，有必要在时域或者频域的范围探讨解决桥梁结构风荷载作用下的静力稳定分析中存在的问题。

6.2　不计抖振影响的静风稳定

在不考虑抖振响应对静风稳定性影响的前提下，结构的静风扭转发散可用基于 ANSYS 二次开发的静风稳定计算流程实现，如图 6-2 所示。

发散机理从数学上可以用下式表示：

$$\{\delta\} = \{\delta_0\} + \{\Delta\delta_1\} + \{\Delta\delta_2\} + \cdots + \{\Delta\delta_n\} + \cdots \tag{6-3}$$

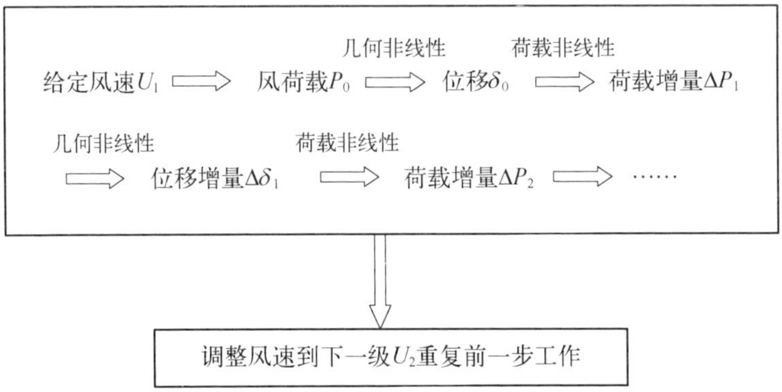

图 6-2　基于 ANSYS 二次开发静风稳定计算流程图

给定风速下结构是否会出现失稳从数学上就归结于以上无穷级数的收敛问题，通常是假设级数项小于某一给定收敛向量 ε 时则认为级数收敛。

但这样处理还存在一个不严格的问题，即级数项的收敛与级数的收敛从数学上讲不一定一致。此外，算法也存在一个缺点，这种内外增量双重迭代的方法计算非常费时，假如有 N 级风速要计算，如果平均每一级风速下要做 M 次外增量调整，则总共要进行 $N\times M$ 次非线性有限元计算。如果在单元上要采用壳单元来精确考虑畸变与局部失稳的影响，则计算时间更为惊人。

本文采用 ANSYS 参数化语言设计超松弛迭代法，一方面，解决了数学上收敛不一致的问题；另一方面也通过减少外增量的调整次数大大提高了计算效率。计算步骤如下：

(1) 求给定风速下全桥静力三分力分布；

(2) 形成初始风荷载在沿桥梁轴线方向加载截面处的扭转角向量 $\{\theta\}_0=\{\theta_1\quad\theta_2\quad\cdots\quad\theta_n\}^{\mathrm{T}}=\{\theta_0\quad\theta_0\quad\cdots\quad\theta_0\}^{\mathrm{T}}$，扭转角增量向量可初始化为零，$\{\Delta\theta\}_0=\{\Delta\theta_1\quad\Delta\theta_2\quad\cdots\quad\Delta\theta_n\}^{\mathrm{T}}=\{0\quad 0\quad\cdots\quad 0\}^{\mathrm{T}}$；

(3) 采用全 Newton-Rapson 方法进行非线性求解；

(4) 求扭转角位移向量 $\{\theta\}_1=\{\theta_{11}\quad\theta_{21}\quad\cdots\quad\theta_{n1}\}^T$，由本级与上级扭转角向量的差值，可以求出扭转角位移增量向量 $\{\Delta\theta\}_1=\{\Delta\theta_{11}\quad\Delta\theta_{21}\quad\cdots\quad\Delta\theta_{n1}\}^{\mathrm{T}}$，其中 $\Delta\theta_{mi}=\theta_{mi}-\theta_{m(i-1)}-\psi\Delta\theta_{m(i-1)}$；

(5) 检查最大扭转角增量是否小于收敛范数(本文取 0.002°)；

(6) 如果不满足(5)，则根据结构新的状态修正三分力重复以上步骤(1)到(5)，进行三分力修正的扭转角向量按下式取值：

$$\{\theta\}_n=\{\theta\}_n+\psi\{\Delta\theta_n\}$$

式中，ψ 为松弛因子，可根据具体情况取值，通常在 0～1 之间；

(7) 如果满足(5)，则本级风速收敛，调整风速进入下一级计算。

考虑到计算精度的需要，文献[110]提出基于 ANSYS 二次开发的正交异性壳单元。通常，正交各向异性板所模拟的只是两个正交方向的抗弯刚度。但在大跨度桥梁的静动力分析中，所考虑的是局部与整体的结合，即不但要考虑局部板的正交方向的抗弯刚度等效，而且要使加劲梁的整体抗弯抗扭刚度不变。文献[110]在正交异性板的基础上，提出了一种基于 ANSYS 平台的正交异性壳单元。采用正交异壳单元对悬索桥加劲梁离散时必须采用以下等效原则：

(1) 局部板的两个正交方向的单位宽度抗弯刚度与实际结构等效；

(2) 壳平面内的横向抗弯刚度等效，具体来说，就是要求正交异性板的纵向单位宽度抗压刚度与实际结构等效，这样才能保证加劲梁的整体竖向、横向抗弯刚度与实际相符；

(3) 壳平面内的剪切刚度与实际结构等效。

图 6-3 所示为采用 U 形加劲肋加劲的正交异性钢箱梁，设顺桥方向为 x，壳平面内与 x 方向垂直的方向为 y，不考虑加劲肋时的板厚为 t，考虑加劲肋时的按面积相等的折算厚度为 $\bar{t}$，x 方向与 y 方向的单宽抗弯刚度分别为 EI_x 和 EI_y。

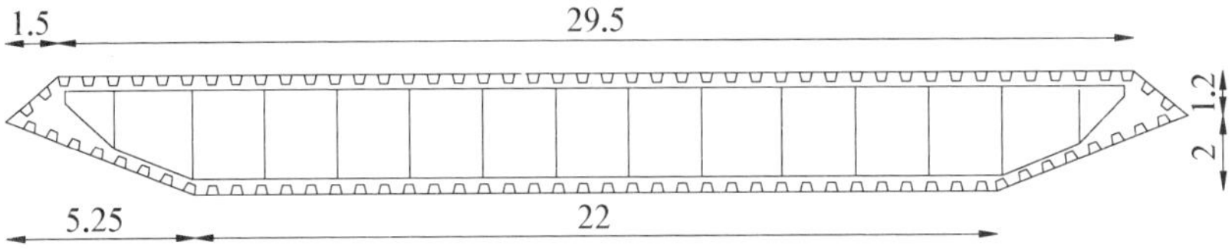

图 6－3　正交异性钢箱梁断面

现假设与之等效的正交异性壳的厚度为 d，弹性模量为 E_y、E_x，剪切模量为 G_{xy}，根据等效原则(2)有：

$$E_x d = E\bar{t} \tag{6-4}$$

由板的 x 方向局部抗弯刚度相等可得：

$$E_x d^3 = 12EI_x \tag{6-5}$$

式(6－4)和式(6－5)中 E 为钢材弹性模量。联立式(6－4)和式(6－5)可求得正交异性壳厚度 d 与弹性模量 E_x：

$$d = \sqrt{\frac{12EI_x}{E\bar{t}}} = \sqrt{\frac{12I_x}{\bar{t}}} \tag{6-6}$$

$$E_x = E\bar{t}\sqrt{\frac{\bar{t}}{12I_x}} \tag{6-7}$$

又由板 y 方向局部抗弯刚度相等可得：

$$E_y = 12EI_y/d^3 \tag{6-8}$$

最后，剪切弹性模量 G_{xy} 可按下式求得：

$$G_{xy}d = Gt \tag{6-9}$$

以上等效原则中，没有考虑单元局部坐标系 y 方向的抗压刚度等效。

由于采用了空间壳单元，因而如何将加劲梁所受的静力三分力转换到壳单元结点上去是一个需要仔细处理的问题，但是如果有加劲梁断面详细的风压分布系数资料，则无须使用三分力系数，可直接采用风压系数进行高斯积分得到每一单元上的风荷载。对于只有三分力系数的情况，则须做出一些假定来简化。

(1) 假定阻力只分布在结构的迎风面与背风面上，并且迎风面上的正压力与背风面上的负压力大小相等。实际加载时，将阻力只分配在迎风面与背风面的结点上，并做出调整使得其合力通过结构的形心以免产生附加力矩。如图 6-4 所示背风面的结点 6104，6105，6107 与迎风面的结点 6115，6116，6118。

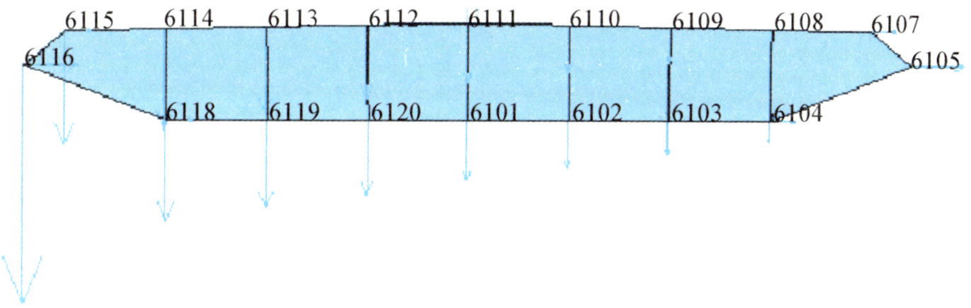

图 6-4　三分力加载示意图

(2) 升力假设为在水平向投影面上为均布荷载，然后按投影面积分配在上下表面的结点上。

(3) 对所在作用有升力的结点，按其对截面形心的水平距离作线性高速，使得调整后的总升力大小与原来相等，而对形心产生的力矩等于所受升力矩。

6.3　考虑抖振影响的时域分析

出于两个方面的原因，可以认为采用动力有限元法求解风荷载作用下桥梁的静风稳定问题比采用内外增量迭代的静力有限元法更加有利：其一是计算效率问题，用动力有限元法不需要迭代，给定风速下可以一次性得出结构是否发散，且只需要较少的计算时间步；其二是抖振响应对结构扭转发散临界风速的影响，只能通过时域的方法采用动力有限元法才能得出量化的结论。

本文采用 Newmark 法求解结构的动力响应问题，用动力有限元法求解结构的静风稳定有一个问题要解决，即如何克服静风荷载阶跃激励对失稳临界风速的影响，本文解决方法是，在计算初期，采用大阻尼比使结构的响应峰值趋近于静力解，在结构响应平稳后，再恢复结构的真实阻尼以考虑抖振响应对发散临界风速的影响。

6.4 基于振型叠加的静风稳定频域分析

由于风荷载作用下桥梁的静风扭转发散临界风速与气动阻尼无关，因此只需从桥梁断面所受的升力矩入手就可以推导出计算三维桥梁结构扭转发散临界风速的最终力学表达式。

按振型分解法考虑，第 i 阶模态的广义坐标运动方程可表示为[6,8,53]：

$$I_i[\ddot{\xi}+2\varsigma_i\omega_i\dot{\xi}+\omega_i^2\xi_i]=q_i(t) \tag{6-10}$$

式中：

$$q_i(t)=\int_0^l[Lh_i+Dp_i+M\alpha_i]\mathrm{d}x \tag{6-11}$$

式中，L, D, M 分别表示单位长度的阻力、升力和升力矩。

如前节所叙，桥梁断面在平衡位置做小幅振动时升力系数、阻力系数及升力矩系数可以表示为以下形式：

$$C_L(\alpha_0+\alpha)=K_L(\alpha_0)\cdot\alpha+C_{L0} \qquad (6-12a)$$

$$C_D(\alpha_0+\alpha)=K_D(\alpha_0)\cdot\alpha+C_{D0} \qquad (6-12b)$$

$$C_M(\alpha_0+\alpha)=K_M(\alpha_0)\cdot\alpha+C_{M0} \qquad (6-12c)$$

对于某一断面形式已知的桥梁，式(6－12)中的 $K_L(\alpha)$，$K_D(\alpha)$，$K_M(\alpha)$为确定的函数，C_{L0}，C_{D0}，C_{M0}分别为攻角为 α_0 时的升力系数、阻力系数与升力矩系数。

如图 6－5 所示，假设某一时候结构平衡状态下的平均风攻角为 $\alpha_0(x)$。

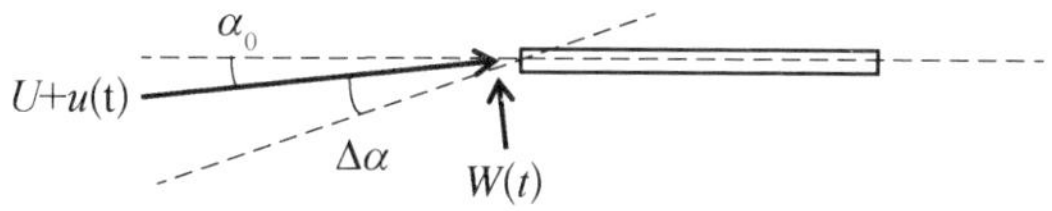

图 6－5

设结构有小振幅的抖振响应 $h(x,t)$，$p(x,t)$，$\alpha(x,t)$，该响应可按振型分解为如下形式[6,26,89]：

$$垂直：h(x,t)=\sum_i h_i(x)\xi_i(t) \qquad (6-13a)$$

$$水平：p(x,t)=\sum_i p_i(x)\xi_i(t) \qquad (6-13b)$$

$$扭转：\alpha(x,t)=\sum_i \alpha_i(x)\xi_i(t) \qquad (6-13c)$$

结构某一断面特定时候所受的单位长度三分力按风轴坐标可表示为：

$$D(t)=\frac{1}{2}\rho U^2(t)C_D(\alpha_0+\alpha)\cdot B \qquad (6-14a)$$

$$L(t)=\frac{1}{2}\rho U^2(t)C_L(\alpha_0+\alpha)\cdot B \qquad (6-14b)$$

$$M(t)=\frac{1}{2}\rho U^2(t)C_M(\alpha_0+\alpha)\cdot B^2 \tag{6-14c}$$

将式(6－12)代入式(6－14)可得到：

$$D(x,\ t)=\frac{1}{2}\rho U^2 B\cdot C_D[\alpha_0(x)]+\frac{1}{2}\rho BU^2\cdot K_D[\alpha_0(x)]\cdot\alpha(x,\ t) \tag{6-15a}$$

$$L(x,\ t)=\frac{1}{2}\rho U^2 B\cdot C_L[\alpha_0(x)]+\frac{1}{2}\rho BU^2\cdot K_L[\alpha_0(x)]\cdot\alpha(x,\ t) \tag{6-15b}$$

$$M(x,\ t)=\frac{1}{2}\rho U^2 B^2\cdot C_M[\alpha_0(x)]+\frac{1}{2}\rho B^2U^2\cdot K_M[\alpha_0(x)]\cdot\alpha(x,\ t) \tag{6-15c}$$

式(6－15)三式中，每式的第一项是为通常意义下平均风引起的静力三分力[89,100]；第二项为运动牵连力。以上三式可以简写为：

$$L_T(x,\ t)=L_{st}(x)+\frac{1}{2}\rho BU^2\cdot K_L[\alpha_0(x)]\cdot\alpha(x,\ t) \tag{6-16a}$$

$$D_T(x,\ t)=D_{st}(x)+\frac{1}{2}\rho BU^2\cdot K_D[\alpha_0(x)]\cdot\alpha(x,\ t) \tag{6-16b}$$

$$M_T(x,\ t)=M_{st}(x)+\frac{1}{2}\rho B^2U^2\cdot K_M[\alpha_0(x)]\cdot\alpha(x,\ t) \tag{6-16c}$$

式中，下标 T 是脉动风引起的抖振力；下标 st 表示单独由平均风引起的静风力。将式(6－13)代入可得：

$$L_T(x,\ t)=L_{st}(x)+\frac{1}{2}\rho BU^2\cdot K_L[\alpha_0(x)]\cdot\left\{\sum_j\alpha_j(x)\xi_j(t)\right\} \tag{6-17a}$$

$$D_T(x, t) = D_{st}(x) + \frac{1}{2}\rho BU^2 \cdot K_D[\alpha_0(x)] \cdot \left\{\sum_j \alpha_j(x)\xi_j(t)\right\} \tag{6-17b}$$

$$M_T(x, t) = M_{st}(x) + \frac{1}{2}\rho B^2U^2 \cdot K_M[\alpha_0(x)] \cdot \left\{\sum_j \alpha_j(x)\xi_j(t)\right\} \tag{6-17c}$$

将式(6-17)代入式(6-10)、式(6-11)中,最后可得到按广义坐标表示的矩阵运动方程为:

$$I\ddot{\xi} + A\dot{\xi} + (B-C)\xi = Q_{st} \tag{6-18}$$

$$\begin{aligned} C_{ij} = \frac{1}{2I_i}\rho U^2 B\int_0^l \{ & K_L[\alpha_0(x)] \cdot h_i(x) \cdot \alpha_j(x) + \\ & K_D[\alpha_0(x)] \cdot p_i(x) \cdot \alpha_j(x) + \\ & BK_M[\alpha_0(x)] \cdot \alpha_i(x) \cdot \alpha_j(x)\}\mathrm{d}x \end{aligned} \tag{6-19}$$

$$Q_{sti} = \frac{1}{I_i}\int_0^l [L_{st}(x) \cdot h_i(x) + D_{st}(x) \cdot p_i(x) + M_{st}(x) \cdot \alpha_i(x)]\mathrm{d}x \tag{6-20}$$

$$A_{ij} = 2\zeta_i\omega_j\delta_{ij} \tag{6-21}$$

$$B_{ij} = \omega_i^2\delta_{ij} \tag{6-22}$$

由于式(6-18)左边的 C 矩阵是静力负刚度矩阵,是静力三分力引起的对结构有效刚度的一个折减矩阵。根据式(6-18),只需以风速 U 为变量,计算有效刚度矩阵 $B-C$ 的行列式值,便可以搜索到静风扭转临界风速 U_{cr} 使得:

$$|B-C|_{U=U_{cr}} = 0 \tag{6-23}$$

而变形可通过求解以下方程获得:

$$(B-C)\xi = Q_{st} \tag{6-24}$$

求得模型坐标向量 $\{\xi\} = \{\xi_1 \quad \xi_2 \quad \cdots \quad \xi_n\}$ 便可得不同风速下的结构变形。

通常要求得风速 U 使得结构刚度恰好等于 0 是很困难的，实际上也没有必要这么处理，可直接用式(6－24)求解结构的模态位移-风速变化曲线，曲线上出现由负到正或者由正到负的无穷跳跃点的最小风速即为扭转失稳临界风速。

6.5 西堠门大桥静风稳定分析

6.5.1 ANSYS 计算

作为舟山大陆连岛工程的主体工程，西堠门大桥将成为世界最大跨径的钢箱梁悬索桥，主跨 1 650 m，其可行性方案一采用分离双箱梁方案，中央开槽宽 6.0 m，图 6－6 与图 6－7 分别为整体布置图与加劲梁构造图。

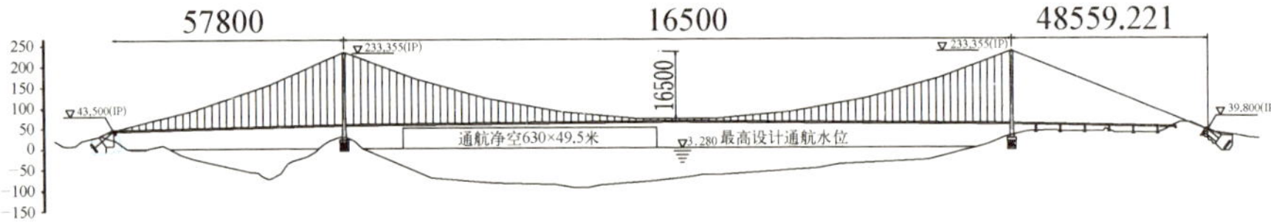

图 6－6　西堠门大桥方案一的整体布置

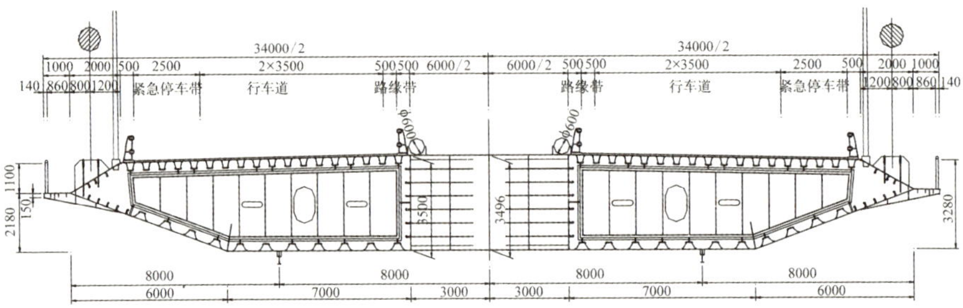

图 6－7　西堠门大桥方案一加劲梁构造

作为跨海大桥，西堠门大桥有跨径大、体系轻柔、风荷载大的特点，因而在设计风速下的静动力稳定问题显得十分重要。

对加劲梁采用正交异性壳单元进行离散，用空间杆单元与空间梁单元分别对主缆与桥塔进行离散，共划分单元 51 502 个，约 25 万个结点自由度。图 6－8 所示为其三分力曲线，图 6－9、图 6－10 为变形-风速曲线。计算中按阻力系数取 1.0 考虑主缆所受的静风力并采用超松弛迭代法以加速收敛。为了得出西堠门大桥的变形-风速曲线，作者使用两台奔 4 微机同时进行计算，在引入超松弛迭代法前，以 5 m/s 为风速增量从 75 m/s 加载到 120 m/s 约需要 4 天的时间（收敛精度为 0.002°），引入超松弛迭代法后，仅需要约 30 个小时。

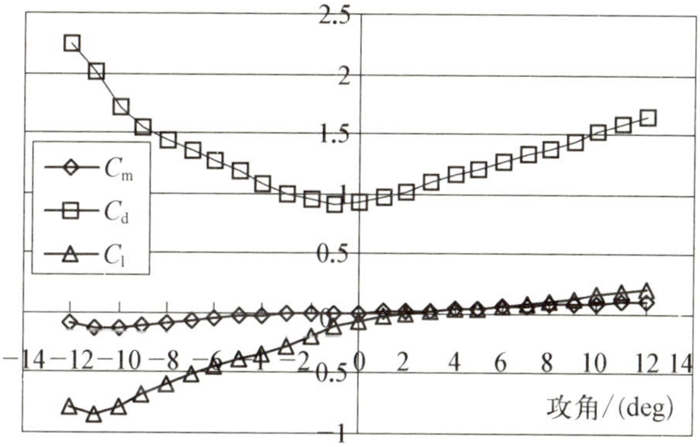

图 6－8　西堠门大桥三分力系数

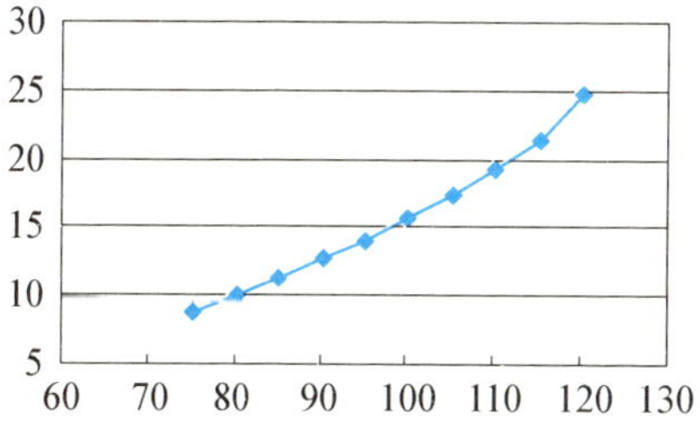

图 6－9　西堠门大桥侧移-风速曲线

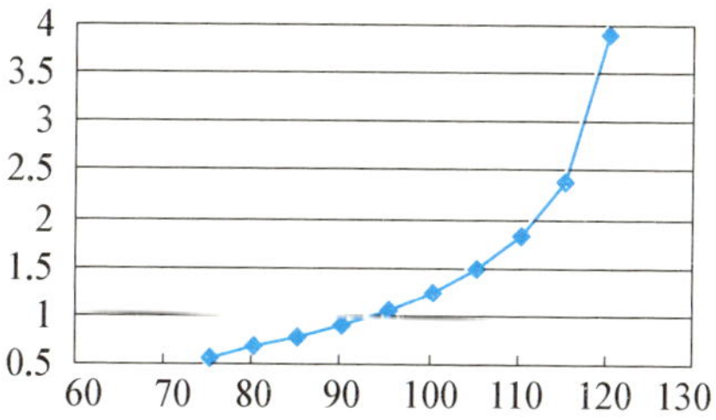

图 6－10　西堠门大桥转角-风速曲线

西堠门大桥静力扭转发散临界风速为 120 m/s。文献[105]采用式(6-1)对西堠门大桥各可行性方案进行了二维静风稳定分析,方案一的二维简化计算结果为 195 m/s,对比可知两者相差太远,对于大跨度桥梁的静风稳定问题,二维简化分析无法得出有效、实用的结果。

6.5.2 动力有限元计算

采用动力有限元对西堠门大桥进行静风稳定计算,最后计算得到发散风速为 125 m/s,静力失稳临界风速为 120 m/s,与 ANSYS 二次开发的超松弛迭代计算结果基本一致。

具体计算中,为消除阶跃激励的影响,在前 40 s 的动力响应中采用接近 1.0 的阻尼比,40 s 后,恢复到结构的真实阻尼比。

图 6-11、图 6-12、图 6-13 是风速 120 m/s 时西堠门大桥侧弯、竖弯、扭转响应曲线。

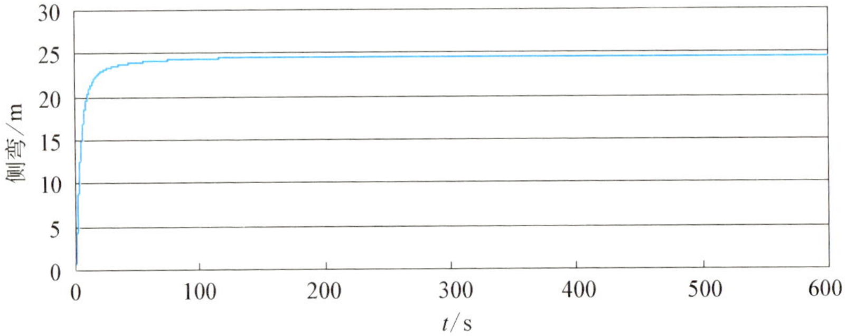

图 6-11 120 m/s 风速下西堠门大桥侧移-时间步曲线

图 6-14、图 6-15、图 6-16 为风速 125 m/s 时西堠门大桥侧弯、竖弯、扭转扭转响应曲线。对照风速 120 m/s 时的动力响应时程曲线可知,此时结构的响应已经呈现出发散的趋势。

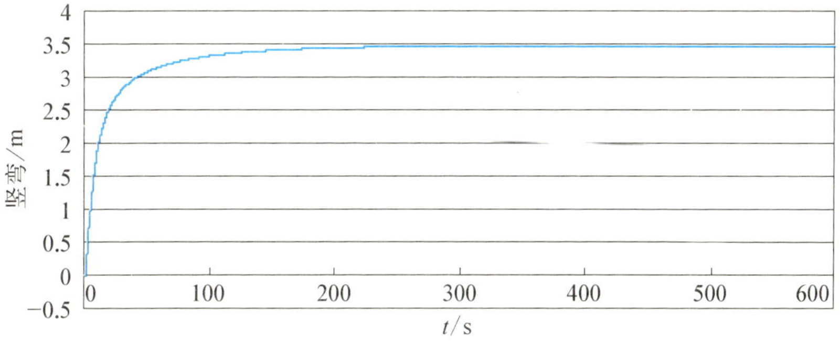

图 6－12　120 m/s 风速下西堠门大桥竖弯-时间步曲线

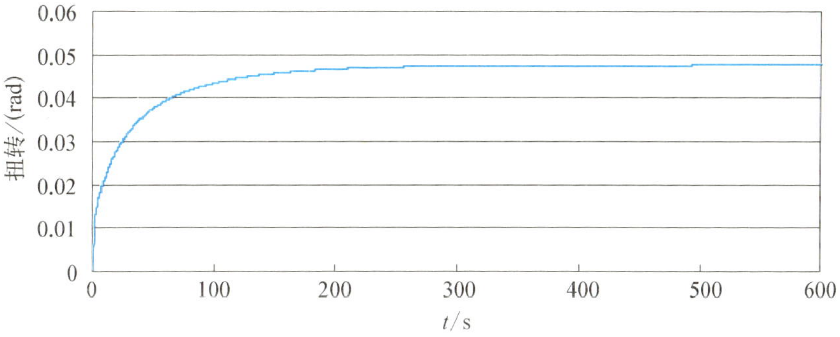

图 6－13　120 m/s 风速下西堠门大桥扭转-时间步曲线

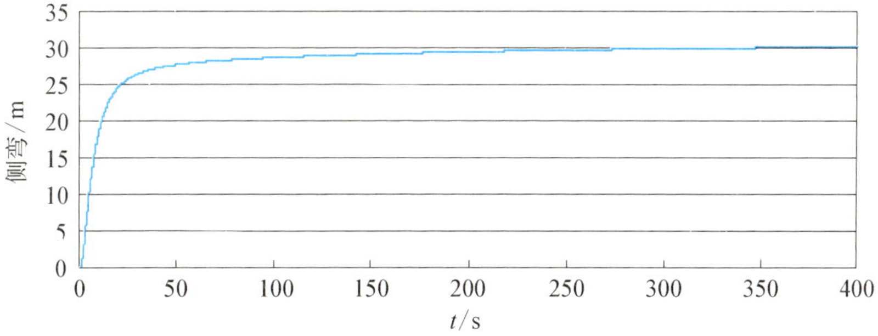

图 6－14　125 m/s 风速下西堠门大桥侧移-时间步曲线

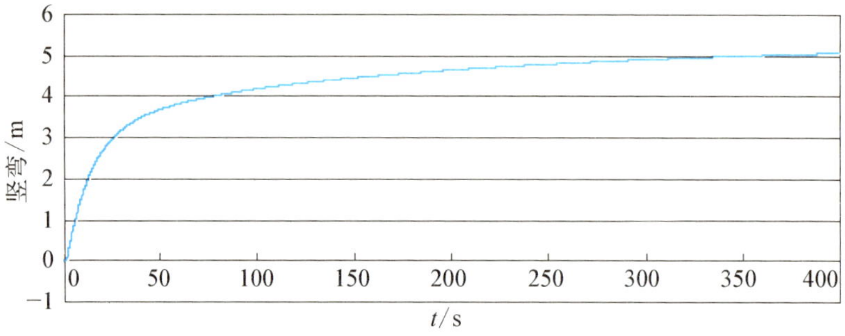

图 6－15　125 m/s 风速下西堠门大桥竖弯-时间步曲线

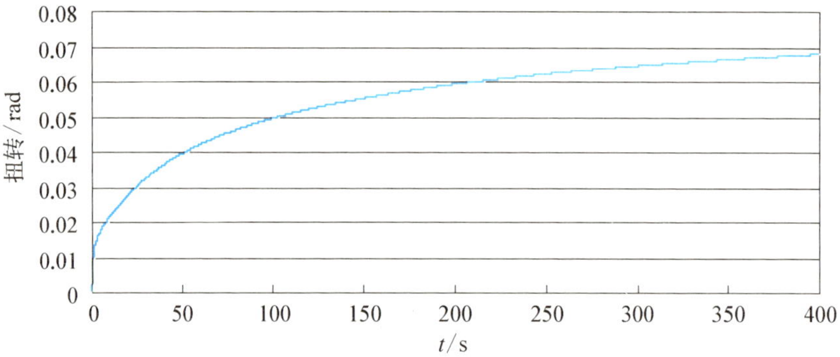

图 6－16　125 m/s 风速下西堠门大桥扭转-时间步曲线

6.5.3　基于模态叠加的计算

图 6－17、图 6－18 为基于一阶反对称竖弯与一阶反对称扭转的模态变形-风速变化曲线。图 6－19、图 6－20 为一阶对称竖弯与一阶对称扭转的模态变形-风速变化曲线。

基于模态叠加的计算的静力失稳临界风速远远高于 ANSYS 二次开发与非线性动力有限元的计算结果，因此可以认为对于大跨度桥梁结构，非线性的影响对静力失稳临界风速意义重大，基于线性变形的计算远远不能满足实用的要求。

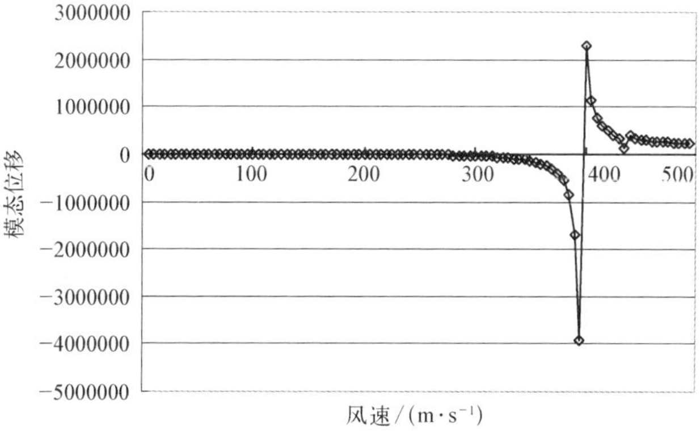

图 6 - 17　一阶反对称竖弯模态位移-风速曲线

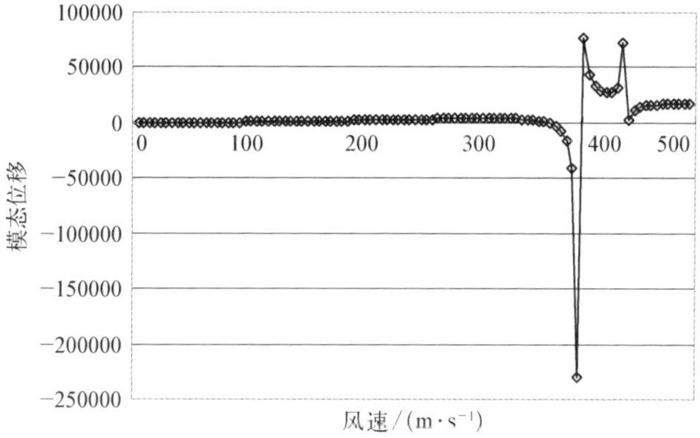

图 6 - 18　一阶反对称扭转模态位移-风速曲线

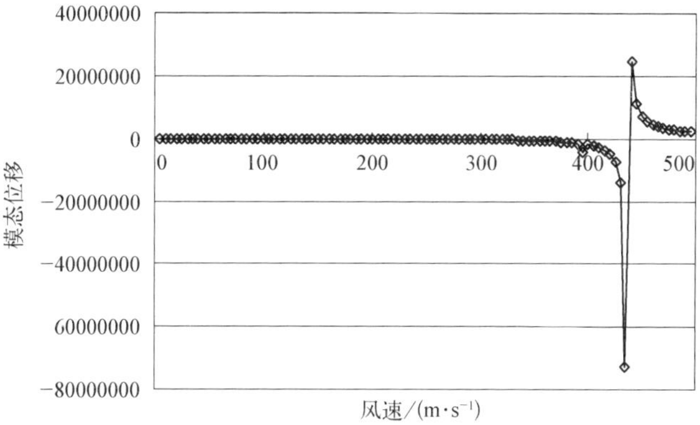

图 6 - 19　一阶对称竖弯模态位移-风速曲线

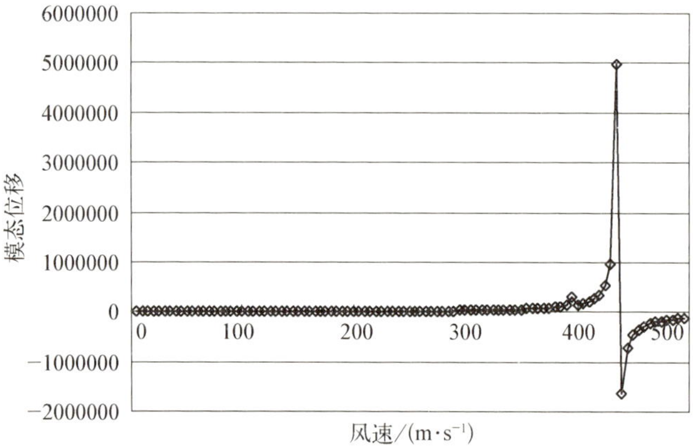

图 6-20　一阶对称扭转模态位移-风速曲线

表 6-1 列出了三种计算结果的对比。

表 6-1　西堠门大桥静风扭转发散计算临界风速对比

计 算 方 法	ANSYS 计算	非线性动力有限元	振型分解法
静力失稳临界风速/($m\cdot s^{-1}$)	120	120	395

6.6　东海大桥静风稳定分析

东海大桥是上海国际航运中心洋山深水港区的配套工程，始于上海浦东南汇区的芦潮港，向东南方向跨越杭州湾北部海域，在浙江省嵊泗县崎岖列岛中的大乌龟岛登陆，并沿大乌龟岛、颗珠山岛至小洋山港区一期工程交接，总长约 31.5 km。主航道桥设在离芦潮港约 18.5 km 的外海海域中，采用跨径为 73＋132＋420＋132＋73＝830 m 的五跨双塔单索面结合箱梁斜拉桥。

图 6-21 为东海大桥主航道桥主梁断面三分力系数。

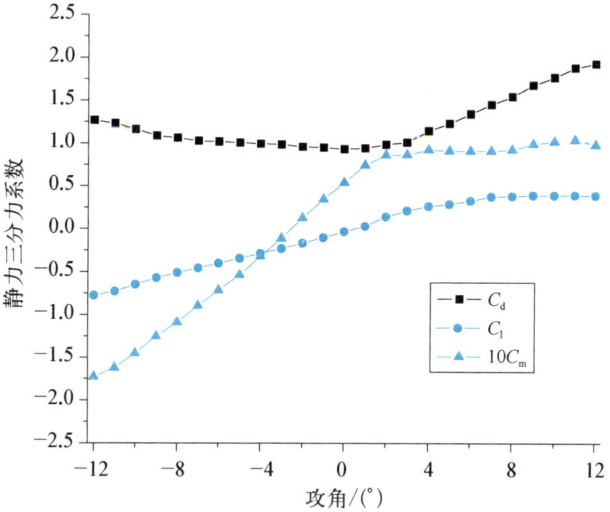

图 6－21　东海大桥主梁三分力系数

6.6.1　ANSYS 计算

东海大桥主航道桥主梁为带悬臂的闭口箱形断面，其约束扭转刚度相比自由扭转刚度而言较小，因此主梁采用单脊梁式力学模型，并通过刚性横梁同双排索面相连形成"鱼骨式"模型，如图 6－22 所示。

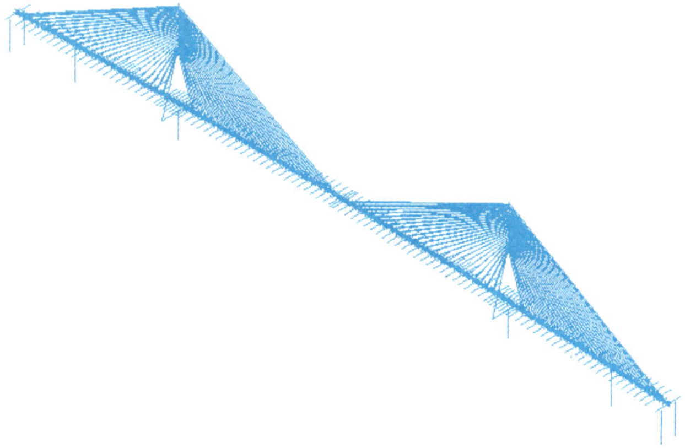

图 6－22　东海大桥有限元计算模型

以 5 米/秒为级差逐级增加风速，计算各级风速下桥梁结构在静风力和恒载共同作用下的竖向、侧向和扭转位移。全桥成桥状态主梁跨中竖向位移、侧向位移和扭转位移随风速变化的规律如图 6-23、图 6-24 和图 6-25 所示。

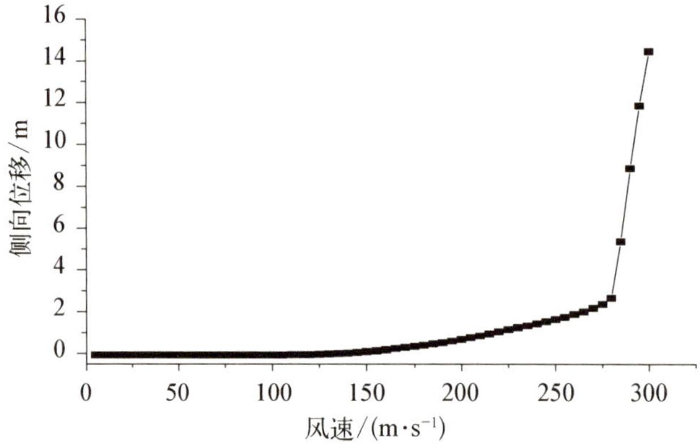

图 6-23　东海大桥侧向位移-风速曲线

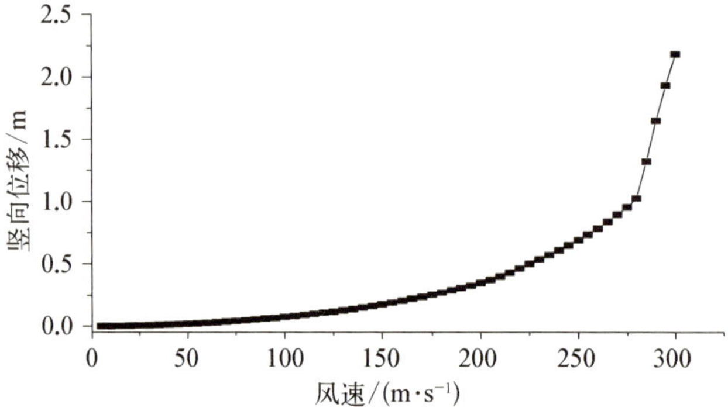

图 6-24　东海大桥竖向位移-风速曲线

东海大桥静风失稳临界风速的 ANSYS 计算结果为 280 m/s，从其变形曲线来看，似乎并非扭转发散，而是竖向或侧向位移的发散。

6.6.2　动力有限元计算

东海大桥按动力有限元计算的静风失稳临界风速为 230 m/s。图

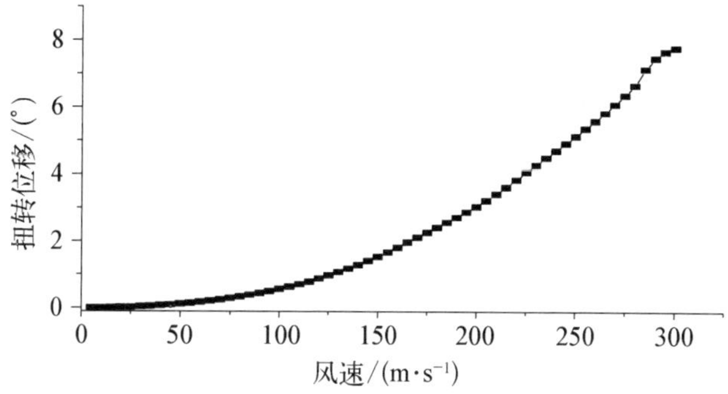

图 6-25　东海大桥扭转位移-风速曲线

6-26、图 6-27、图 6-28 为按动力有限元计算的东海大桥在风速 230 m/s 下的跨中点侧向位移、竖向位移以及扭转位移响应时程。

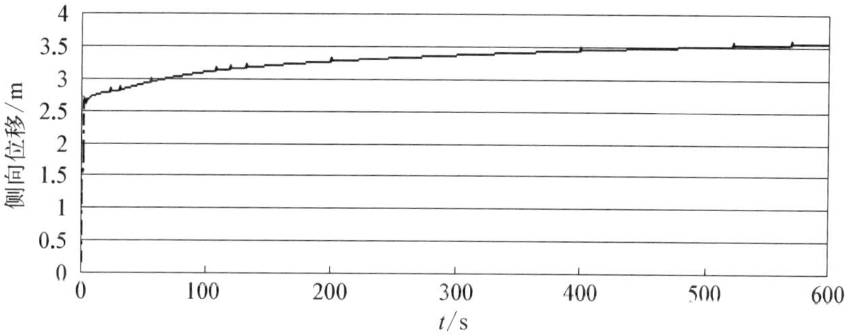

图 6-26　东海大桥 230 m/s 风速下跨中侧向位移动力响应时程

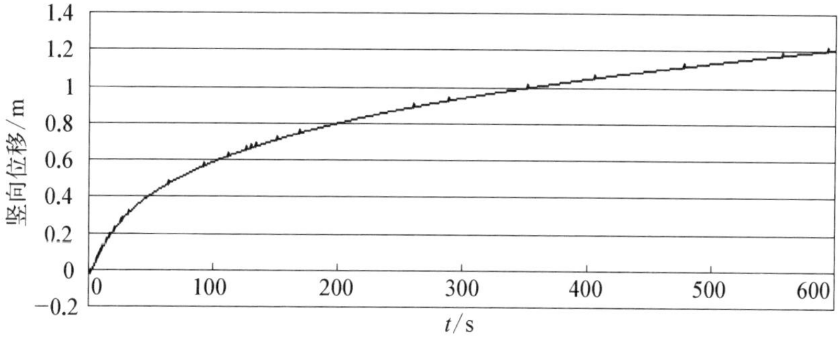

图 6-27　东海大桥 230 m/s 风速下跨中竖向位移动力响应时程

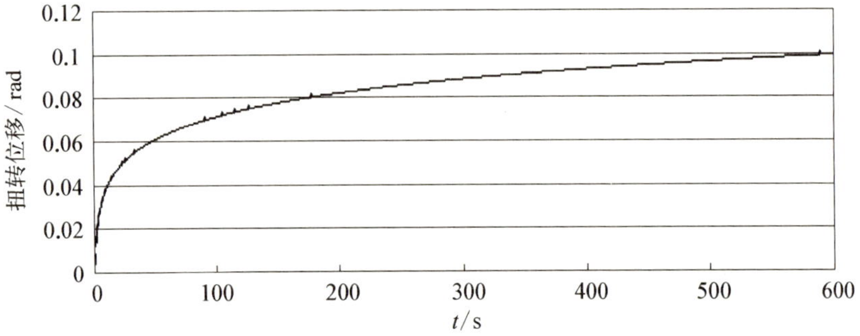

图 6-28　东海大桥 230 m/s 风速下跨中扭转位移动力响应时程

6.6.3　基于模态叠加的计算

图 6-29、图 6-30 为按振型叠加计算的一阶正对称竖弯模态位移-风速变化曲线与一阶正对称扭转模态位移-风速变化曲线，计算失稳临界风速为 570 m/s，从图中的跳跃点也可以看出。计算中，采用按质量归一化的振型。

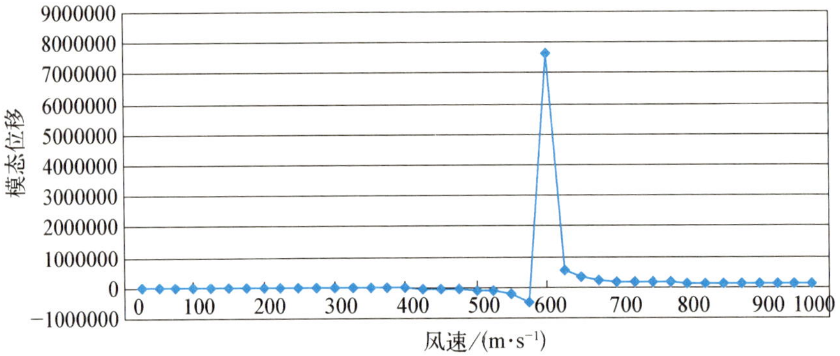

图 6-29　东海大桥一阶竖弯模态位移-风速曲线

表 6-2 列出了三种计算结果的对比。

表 6-2　东海大桥静风扭转发散计算临界风速对比

计 算 方 法	ANSYS 计算	非线性动力有限元	振型分解法
静力失稳临界风速/($m \cdot s^{-1}$)	280	230	570

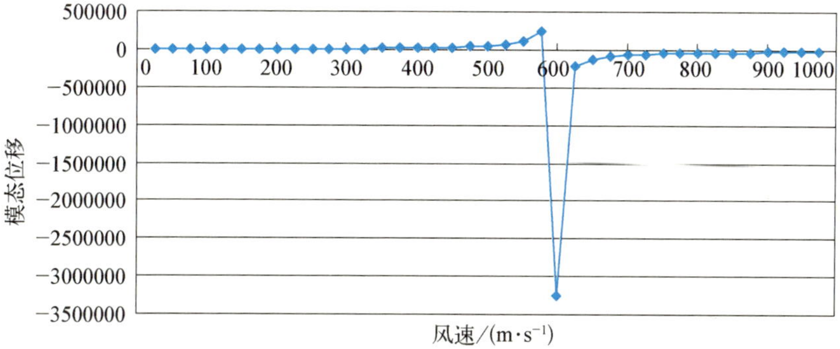

图 6-30　东海大桥一阶扭转模态位移-风速曲线

与西堠门大桥不同的是，东海大桥按动力有限元计算的结果与 ANSYS 的计算结果相差较大，绝对值达到 50 m/s。在东海大桥的 ANSYS 计算中，没有采用超松弛迭代法，迭代收敛精度取 0.002°。这种差距可能并不是由算法本身引起的，正如本章开始指出的第二点，可能是由数学上的一个假定所引起，即级数项的收敛并不代表级数和的收敛，只能认为级数项的收敛是级数有界的一个必要而非充分条件。从计算的数值大小来看，动力有限元计算与 ANSYS 计算结果也相差较大，如在 230 m/s 的风速下，10 分钟后，扭转位移分别为 0.1 rad，而 ANSYS 的迭代计算结果为 4.28°。

6.7　抖振响应对静力失稳的影响

考虑桥梁在非均匀流场中的静风稳定问题，实际上就是考虑以下非线性微分方程：

$$I\ddot{\xi}+A\dot{\xi}+(B-C)\xi=Q_{\mathrm{st}}+Q_{\mathrm{b}} \tag{6-25}$$

式中，刚度修正矩阵 C 不再是一常量矩阵，而是一时变矩阵，其一般项如下：

$$C_{ij}=\frac{1}{2I_i}\rho[U+u(t)]^2B\int_0^l\{K_L[\alpha_0(x)]\cdot h_i(x)\cdot\alpha_j(x)+$$

$$K_D[\alpha_0(x)]\cdot p_i(x)\cdot\alpha_j(x)+$$
$$BK_M[\alpha_0(x)]\cdot\alpha_i(x)\cdot\alpha_j(x)\}\mathrm{d}x \tag{6-26}$$

图 6-31—图 6-33 为平均风速在 125 m/s 时西堠门大桥跨中点非线性动力有限元计算结果。

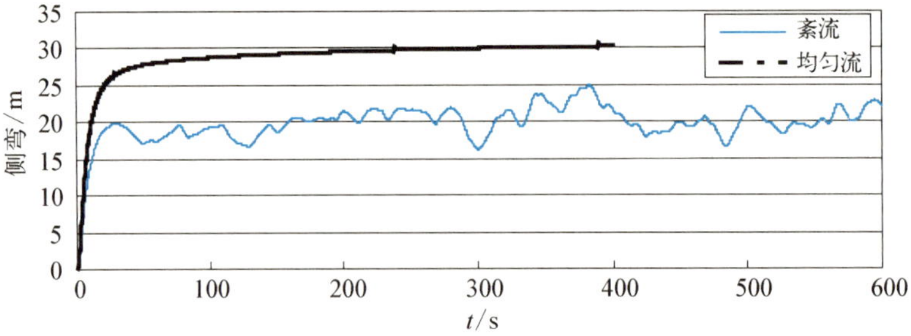

图 6-31　西堠门大桥 125 m/s 风速下跨中侧向响应

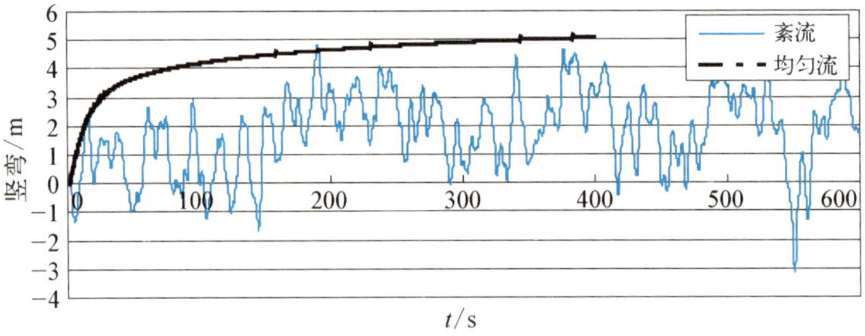

图 6-32　西堠门大桥 125 m/s 风速下跨中竖向响应

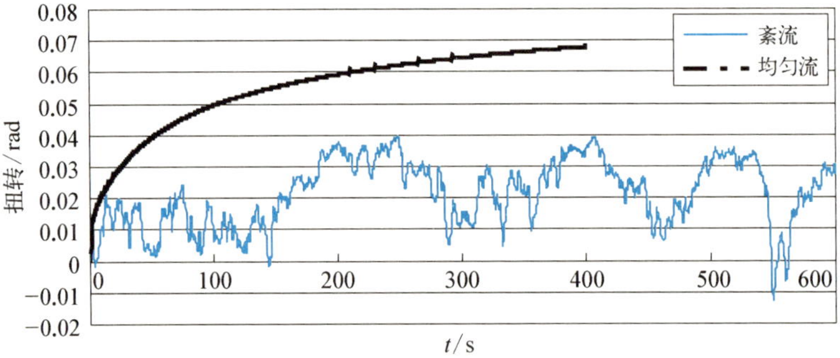

图 6-33　西堠门大桥 125 m/s 风速下跨中扭转响应

从图 6－31 至图 6－33 的对比可以看出，均匀流下的发散趋势在抖振响应的影响下完全消失。即使将平均风速加至 140 m/s，从 10 分钟的抖振响应时程来看依然没有呈现出发散的趋势。图 6－34—图 6－36 为平均风速为 140 m/s 时西堠门大桥跨中点非线性动力有限元计算结果。

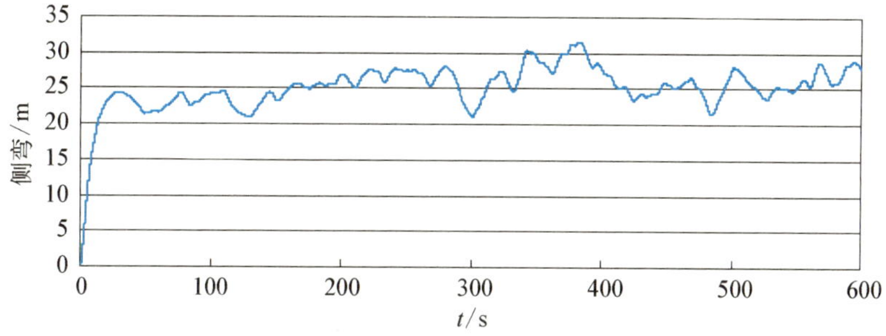

图 6－34　西堠门大桥 140 m/s 风速下跨中侧向响应

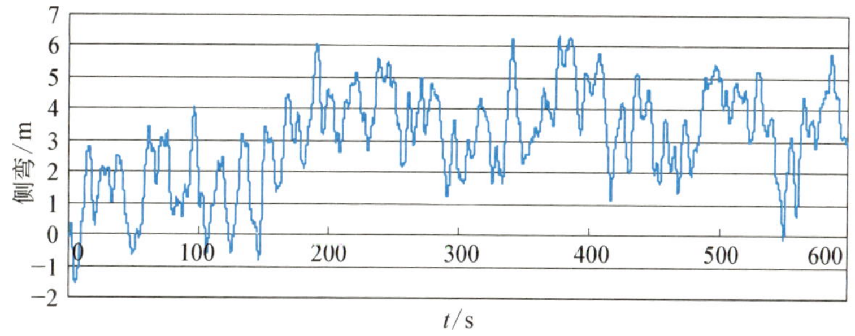

图 6－35　西堠门大桥 140 m/s 风速下跨中竖向响应

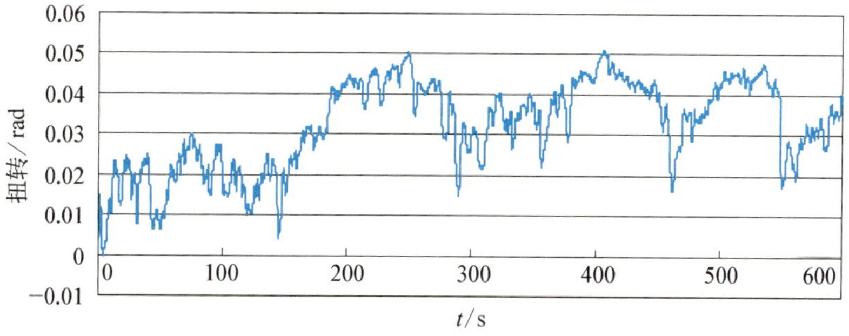

图 6－36　西堠门大桥 140 m/s 风速下跨中扭转响应

图 6-37、图 6-38 与图 6-39 为东海大桥在风速 230 m/s 下的跨中点侧向、竖向与扭转动力响应时程曲线。

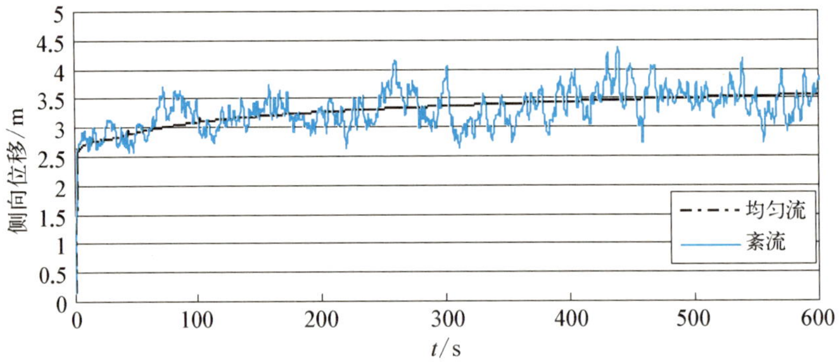

图 6-37　东海大桥 230 m/s 风速下跨中侧向位移响应

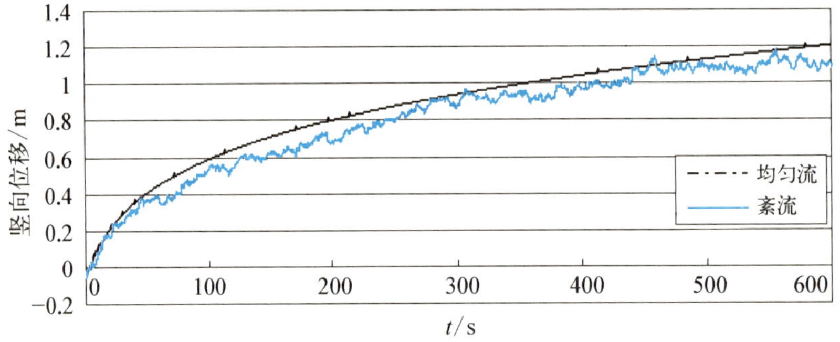

图 6-38　东海大桥 230 m/s 风速下跨中竖向位移响应

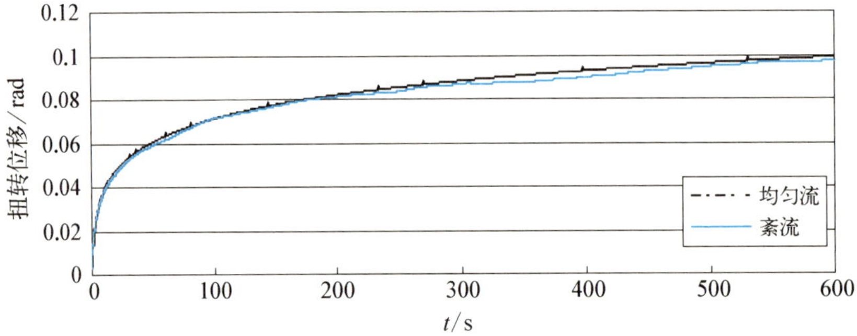

图 6-39　东海大桥 230 m/s 风速下跨中扭转位移响应

有趣的是，对于西堠门大桥，脉动风起了阻止或者至少是延迟静风扭转发散的作用，而东海大桥的计算中，脉动风对静风扭转发散没有什么影响，其整体趋势还是发散的。可以认为，对于大跨度桥梁结构，脉动风引起的抖振响应对静风扭转发散起有利的影响。其影响及机理可能体现在两个方面：其一是脉动风的空间相关性随着两点间距的增大而迅速衰减，对于超大跨度桥梁，可以认为在全跨范围内来看脉动风不相关，这种不相关性可能会降低了平均风的整体三分力效应；其二是对发散响应时间的影响，这一点可能是问题的关键所在。

6.8 材料非线性的影响

以西堠门大桥为例来考察高风速下大跨度悬索桥各重要构件是否已经达到材料屈服的状态，图 6－40 为加劲梁在 125 m/s 风速下的侧向弯矩分布曲线，图 6－41 为加劲梁在 125 m/s 风速下的竖向弯矩分布曲线，加劲梁轴力分布曲线如第 4 章图 4－21 所示，加劲梁高 3.27 m，梁宽 35 m，竖向抗弯惯性矩 2.057 6 m^4，侧向抗弯惯性矩 109.156 1 m^4，截面积为 1.090 2 m^2，忽略扭

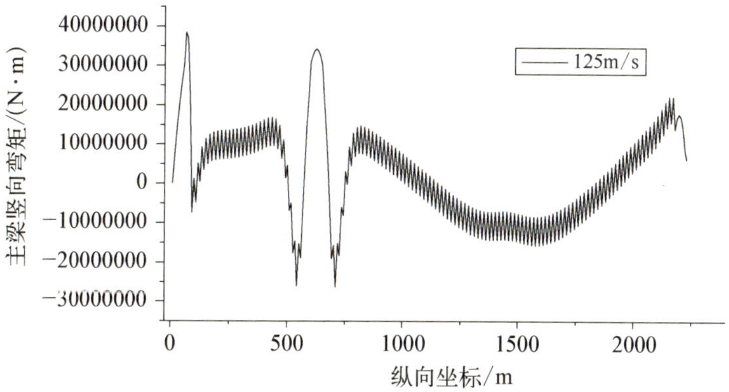

图 6－40 西堠门大桥主梁风速 125 m/s 下竖向弯矩分布

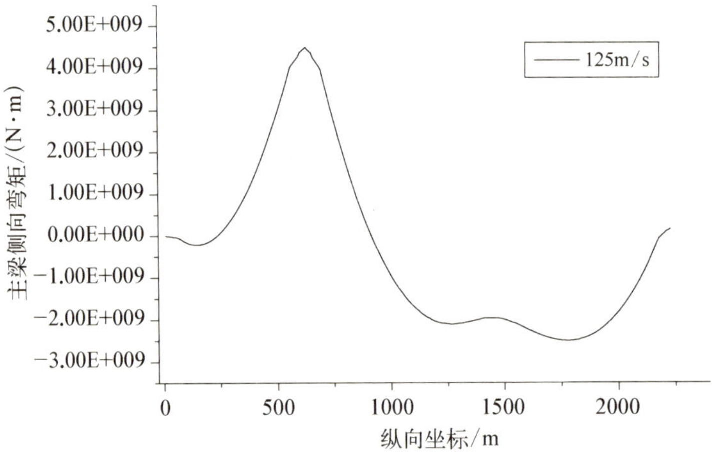

图 6-41　西堠门大桥主梁风速 125 m/s 下侧向弯矩分布

矩对应力的贡献，最后可得加劲梁在 125 m/s 风速且忽略其他可变荷载作用的前提下其最大应力为 771.8 MPa。根据图 4-18，可计算出主缆在风速 125 m/s 下最大拉应力为 647.86 MPa，从主梁与主缆的最大应力可知，西堠门大桥在静风扭转发散时材料并没有达到屈服。

6.9　静风失稳机理的探讨

从外荷载与结构抗力之差-不平衡力入手来探讨桥梁在风荷载作用下的静风稳定问题，对于给定风速下收敛的情况，可用图 6-42 表示。

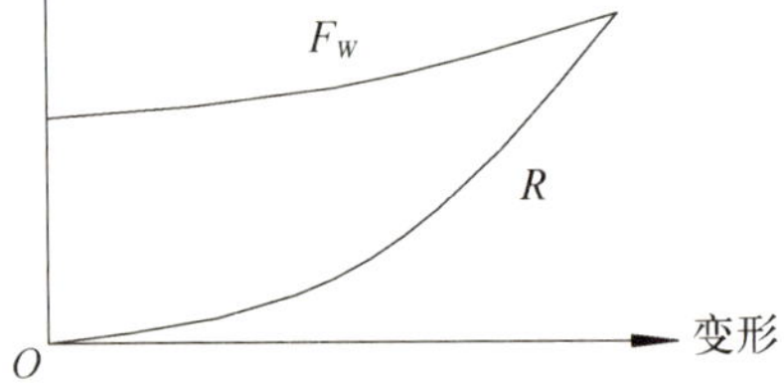

图 6-42

图 6-42 中 R 为结构的抗力-变形曲线，F_W 为给定风速下的风荷载-变形曲线，图中两曲线在结构的某一变形状态下相交。在相交点，不平衡力为 0，因此相交点的变形就

是结构在给定风速下的最终变形。

图 6－43 中对应的是发散的一种情形，它的特点是随着变形的增加，风荷载始终大于结构的抗力，但其差距即不平衡力却随着变形的增加而越来越小，由于阻尼的存在，结构响应到发散是一个漫长的过程。由于需要长的响应时间，脉动风的影响显得十分重要，此时，抖振响应有可能无限制地延长其发散的响应过程即完全防止静风失稳的发生。

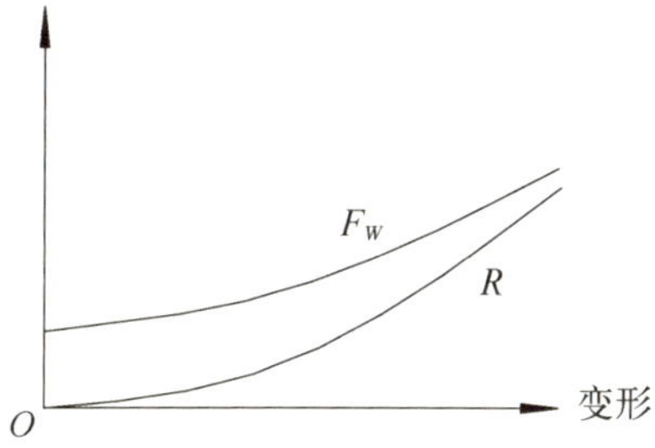

图 6－43

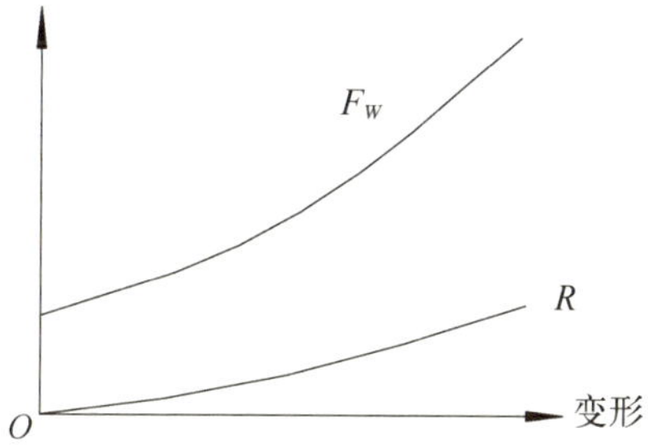

图 6－44

图 6－44 所示的是另一种极端的情形，即不平衡力是随着变形的增加而增加，这种情况相当于受轴压细长杆的失稳一样其失稳的响应是一个加速的过程。此时脉动风引起的抖振响应的影响无济于事，从实际桥梁的三分力曲线来看，出现这种失稳模式的可能性极少。

6.10　本 章 小 结

结合本章的研究结果，可得出以下结论：

1. 基于 ANSYS 二次开发的超松弛迭代法与动力有限元法求解大跨度桥梁的静风稳定问题能得出一致的结果，相比之下采用非线性动力有限元法有更快的求解效率。

2. 基于模态叠加的方法求解桥梁的静风稳定问题，由于忽略了结构的几何非线性与外荷载的非线性等因素的影响，其求解精度远远满足不了工程的需要。

3. 脉动风的影响对桥梁结构扭转发散有利，忽略脉动风的影响求出的静力失稳临界风速是偏于保守的。

第7章 结论与展望

7.1 主要研究工作

1. 从现有的桥梁颤抖振理论与试验之间存在的问题着手，阐述了以方差最小为目标的整体最小二乘法识别气动导数的固有缺陷，即方差最小并不是识别的气动导数能代表其真实物理意义的充分条件。采用准定常气动刚度与节段模型实测的气动阻尼，本书建立了基于真实物理意义的桥梁抖振以及静风稳定计算模型。

2. 通过采用本书抖振频域和时域计算结果以及与传统桥梁抖振计算方法的比较，对大跨度桥梁抖振响应中若干关键影响因素进行了分析与研究。

3. 在风致动力稳定方面，提出采用有限范围内搜索的线性最小二乘方法来代替以往对猜想初始向量相当敏感的非线性最小二乘法，并进而对桥梁风致颤振稳定问题在时域内进行了尝试性的研究。

4. 在风致静力稳定方面，提出了采用动力有限元法对考虑抖振影响的风致静力失稳进行研究，进而研究了抖振响应对扭转发散的影响，对桥梁风致静风扭转发散的机理进行了深入的研究，提出了桥梁发散响应时间这一概念并从机理上解释了脉动风对静力扭转发散的影响。

7.2 主要研究结论

1. 采用针对结构刚度与阻尼矩阵独立修正的方法建立的桥梁抖振响应计算模型具有物理意义明确的优点，尽管目前还不是很完善，但从计算结果来与风洞试验结果更加吻合。

2. 气动阻尼与气动刚度对抖振响应的影响不可忽略，从本书东海大桥与西堠门大桥的抖振响应计算结果来看，忽略气动阻尼与气动刚度对竖向与扭转抖振会带来相当大的误差，对侧向影响可忽略。

3. 对于大跨度桥梁结构，结构几何非线性的影响在抖振响应分析中是不可忽略的，忽略结构非线性性质的频域抖振分析会导致严重偏大的结果。

4. 对于大跨度柔性桥梁结构，平均风“预张力”效应对抖振响应的影响不可忽略，忽略平均风“预张力”效应会导致侧向响应与竖向响应偏大的结果，如本书对东海大桥与西堠门大桥的计算表明，其影响均在35%以上。

5. 在自激力的时域表达上，通过非线性项系数指定范围内的搜索方法，无须猜想初始拟合系数，拟合结果基本接近于全局最优解。通过对东海大桥与西堠门大桥的颤振稳定性分析表明，理论计算与风洞试验的结果能否有较好吻合的关键在于试验测得的气动导数质量。

6. 基于ANSYS二次开发的超松弛迭代法与动力有限元法求解大跨度桥梁的静风稳定问题能得出一致的结果，相比之下采用非线性动力有限元法求解效率更高。基于模态叠加的方法求解大跨度桥梁的静风稳定问题，由于忽略了结构的几何非线性与外荷载的非线性等因素，其求解精度不能满足工程需要。

7. 脉动风抖振的影响对桥梁结构扭转发散是有利的，忽略脉动风的影响得到的静力失稳临界风速是偏于保守的。

7.3　今后研究展望

1. 气动阻尼曲线问题——这个问题实际上早就存在了，如 Scanlan 自激力表达式中的气动导数。无论是气动导数或者是基于真实物理意义上的气动阻尼，理应是结构运动的频率与风速的二元函数，但目前我们是在用这个曲面上的一个剖面(曲线)来代替整个曲面，这种以线代面的处理方法的合理性非常有必要进行充分的证明，如果证明是否定的，则必须在将来的研究中加以纠正。

2. 本书基于准定常的刚度修正方法，其刚度修正量只与三分力特性以及风速有关，对于大跨度桥梁的低阶振动这似乎比较合理，但高频振动下如何修正有待将来进一步研究。

3. 关于抖振响应影响因素方面，本书已经就其中某些因素做了研究，一个悬而未决的因素是气动导纳。从确定性系统的随机响应来看，影响系统输出的无外乎两个方面，一是结构本身描述的精确性，二是输入描述的精确性，如果这两个方面的描述是精确的，则计算得到的输出也一定是精确的。就风致抖振响应而言，具体来说影响计算结果的有三个方面，首先当然是结构的非线性描述是否足够准确，其二是模型刚性化的抖振力，其三是考虑结构运动的附加自激力。要解决气动导纳问题，只有先解决与气动导纳无关的影响因素如一、三两方面后才有可能认识到气动导纳的真实影响。就非线性方面本书的研究已表明频域所忽略的非线性影响以及静风荷载的张力效应都对抖振响应造成相当大的影响，然而如何从气动阻尼与刚度上准确地解决自激力的问题，仍然有待今后进一步研究。

4. 本书研究了均匀流场中桥梁的颤振问题,实际桥梁所处流场为紊流场,紊流对桥梁颤振的影响不仅仅是作用了一个抖振力,而且直接影响到气动导数,因此要研究紊流对桥梁颤振的影响,首先要研究紊流对颤振导数的影响,这些有待将来做进一步的研究。

参考文献

[1] Davenport A G. Buffeting of a suspension bridge by storm winds[J]. J Struct Div, ASCE, 1962, 88(3): 233 - 268.

[2] Davenport A G. The response of slender, line-like structures to a gusty wind [J]. Proc Inst Civ Engrg, 1962(23): 389 - 407.

[3] Davenport A G. The action of Wind on suspension bridge[C]//Proc, Int Symp On Suspension Bridges, 1966, 79 - 100.

[4] Davenport A G. The causes of wind induced vibration of structures[R]. RILEM, Theme 3, Supplementary Reports, 1963.

[5] Iazzunni A, Spinell P. Artificial wind generation and structural response[J]. J Structure Engineering Diversion, ASCE, 1987, 113(12), 2383 - 2397.

[6] Jain A, Jones N P, Scanlan R H. Fully-coupled buffeting analysis of long-span bridges[C]. 9ICWE, New Delhi, India, 1995, 962 - 971.

[7] Namini A, Albrecht P. Finite element-based flutter analysis of cable-suspended bridges[J]. J Structure Engineering, ASCE, 1992, 118(6): 1509 - 1526.

[8] Anurag Jain, Nicholas P Jones, Scanlan R H. Coupled flutter and buffeting analysis of long-span bridges[J]. Journal of Struct Engrg, ASCE, 1996, 122(7): 716 - 725.

[9] Beith J G. A practical engineering method for the flutter analysis of long span

bridges[J]. J Wind Engineering and Industrial Aerodynamics, 1998, 357 - 366.

[10] Borri C, Zahlten W. Fully simulated nonlinear analysis of large structures subjected to turbulent artificial wind[J]. Mech Struct and Mach, 1991, 19(2): 213 - 250.

[11] Bucher C G, Wall F J. Stochastic response of bridges in turbulent wind[J]. J wind Engrg Ind Aerodynamics, 1992, 41 - 44: 1347 - 1358.

[12] Bucher C G, Lin Y K. Effect of spanwise correlation of turbulence field on the motion stochastic stability of long span bridges[J]. J of Fluids and Structures, 1988(2).

[13] Bucher C G, Lin Y K. Effect of wind turbulence on motion stability of long span bridges[J]. J Wind Engineering and Industrial Aerodynamics, 1990(36): 1355 - 1364.

[14] Bucher C G, Lin Y K. Stochastic stability of bridges considering coupled modes [J]. Journal of Engineering Mechanics, 1988, 114(12): 2055 - 2071.

[15] Bucher C G, Lin Y K. Stochastic stability of bridges considering coupled modes: Ⅱ[J]. J of Engineering Mechanics, 1989, 115(2): 384 - 400.

[16] Cai C S, Albrecht P, Bosch H R. Flutter and buffeting analysis. Ⅰ: finite-element and RPE solution[J]. J Bridge Engineering, 1999, 4(3): 174 - 180.

[17] Cai C S, Albrecht P, Bosch H R. Flutter and buffeting analysis. Ⅱ: Luling and Deer Isle bridges[J]. J Bridge Engineering, 1999, 4(3): 181 - 188.

[18] Simiu E, Scanlan R H. Wind effects on structures-An introduction to wind engineering[M]. Third Edition. [s. l. , s. n.], 1996.

[19] Bleith F. Dynamic instability of truss-stiffened suspension bridges under wind action[J]. Proc. ASCE, 1948, 74(7): 1269 - 1314.

[20] Augusti G, et. On the time domain analysis of wind response of structures[J]. Journal of wind Engineering and Industrial Aerodynamics, 1996(23).

[21] Deodatis G. Simulation of ergodic multivariate stochastic processes [J]. J Engineering Mechanics, ASCE, 1996, 122(8): 778 - 787.

[22] Narayanan G, Krihnamoorthy C S. An investigation of geometric nonlinear formulation for 3 - D beam element[J]. International Journal of Nonlinear Mechanics, 1990, 25(6): 643 - 662.

[23] George Deodatis. Simulation of ergodic multivariate stochastic processes[J]. J Engineering Mechanics, ASCE, 1996, 122(8): 778 - 787.

[24] Xiang H F, Liu C H, Gu M. Time-Domain analysis for coupled buffeting response of long span bridges[C]. 9ICWE, New Delhi, India, 1995: 881 - 892.

[25] Niemann H J, Hoffer R. Nonlinear effects in the buffeting program, a state of the art in wind engineering [C]//Ninth International Conference on Wind Engineering, New Delhi, 1995.

[26] Katsuchi H, Jones N P, Scanlan R H, Akiyama H. A study of mode coupling in flutter and buffeting of the Akashi-Kaikyo bridge [J]. J Struct Mech and Earthquake Engrg, JSCE, 1998, 15(2).

[27] Katsuchi H, Saeki S, Miyata T, Sato H. Analytical assessment in wind-resistant design of long-span, bridges in Japan[M]. Bridge Aerodynamics, 1998.

[28] Tanaka H, Yamamura N, Tatsumi M. Coupled mode flutter analysis using flutter derivatives[J]. J. wind engineering and industrial aerodynamics, 1992, 41 - 44: 1279 - 1290.

[29] Liepmann H W. On the Application of Statistical Concepts to the Buffeting Problem[J]. J Aeronaut Science, 1952, 19(12): 793 - 800.

[30] Hiroshi Katsuchi, Jones N P, Scanlan R H. Multimode Coupled flutter and buffeting analysis of the AKASHI - KAIKYO bridge[J]. Journal of Struct Engrg, ASCE, 1999, 125(1): 60 - 70.

[31] Honsyu-Shikoku Bridge Authority, The Akashi-Kaikyo Bridge, Design and construction of the world's longest bridge[M]. Japan: Bridge and Offshore Engineering Association, 1998.

[32] Lin J H, Zhang W S, Williams F W. Pseudo-excitation algorithm for nonstationary random seismic responses[J]. Engineering structures, 1994,

(16)：270－276.

[33] Cheng Jin, Jiang Jian-Jing, Xiao Ru-Cheng, Xiang Hai-Fan. Nonlinear aerostatic stability analysis of Jiang Yin suspension bridge[J]. Engineering Structures, 2002(24)：773－781.

[34] Bathe K J. Bolourchi S. Large displacement analysis of three-dimensional beam structures[J]. International Journal of Numerical and Mechanic Engineering, 1979, 14：961－986.

[35] Hsiao K M, Horng H J, Chen Y R. A corotational procedure that handle large rotations of spatial beam structures[J]. Computer and Structures, 1987(27)：769－781.

[36] Thorbek L T, Hansen S O. Coupled buffeting response of suspension bridges [J]. J Wind Engineering and Industrial Aerodynamics, 1998(74－76)：836－847.

[37] Lin J H. A fast CQC algorithm of PSD matrices for random seismic responses [J]. Computers and structures, 1992, 44(3)：683－687.

[38] Attou M A. Computer program for the evaluation of dynamic response of structures to wind turbulence[C]//Proc 3rd Asia-pacific Symp On wind Engrg, Univ of Hong Kong, Hong Kong, 1993.

[39] Paola M D. Digital simulation of wind field velocity[J]. J Wind Engineering and Industrial Aerodynamics, 1998(74－76)：91－109.

[40] Matsumoto M, Chen X, Shiraishi N. Buffeting analysis of long span bridge with aerodynamic coupling[C]//Proceedings of 13th national Symp[A]. On wind engineering, Japan Association for wind Engineering, 1994, 227－232.

[41] Shinozuka M, Yun C B, Seya H. Stochastic methods in wind engineering[J]. J Wind Engineering and Industrial Aerodynamics, 1990(36)：829－843.

[42] Dung N N, Miyata T, Yamada H. Flutter responses in long span bridges with wind induced displacement by the mode tracing method[J]. J Wind Engineering and Industrial Aerodynamics, 1998, 367－379.

[43] Minh N N, Miyata T, Yamada H, Sanada Y. Numerical simulation of wind turbulence and buffeting analysis of long-span bridges[J]. J Wind Engineering and Industrial Aerodynamics, 1999, 83: 301 - 315.

[44] Jones N P, Jain A, Scanlan R H. Wind cross-spectrum effects on long-span bridges[C]//Proceedings of Engineering Mechanics Special Conferences, ASCE, New York, 1992.

[45] Irwin P A. Wind buffeting of cable-stayed bridges during construction[J]. Bridges and Transmission Line Structures, ASCE, L. Tall, ed., 1987: 164 - 177.

[46] Li Q C, Lin Y K. New stochastic theory for bridge stability in turbulent flow [J]. Ⅱ. Journal of Engineering mechanics, ASCE, 121(1): 102 - 116.

[47] Ding Q, Lee P K K. Computer simulation of buffeting action of suspension bridges under turbulent wind[J]. Computers and Structures, 2000(76): 787 - 797.

[48] Ding Quanshun, Chen Airong, Xiang Haifan. A state space method for coupled flutter analysis of long-span bridges[J]. Structural Engineering and Mechanics, 2002, 14(2): 491 - 504.

[49] Scanlan R H. The action of flexible bridges under wind: Ⅱ. Buffeting theory. J Sound and Vibration, 1978, 60(2): 201 - 211.

[50] Scanlan R H. Amplitude and Turbulence effects on bridge flutter derivatives[J]. Journal of Structure Engineering, 1997, 123(2): 232 - 236.

[51] Scanlan R H, Jones N P. Aeroelastic analysis of cable-stayed bridges[J]. J of Structure Engineering, ASCE, 1990, 116(2): 279 - 297.

[52] Scanlan R H, Gade R H. Motion of suspension spans under gusty wind[J]. J Struct Div, ASCE, 1977(103).

[53] Scanlan R H. On flutter and buffeting mechanisms in long-span bridges[J]. Prob Engrg Mech, 1988, 3(1): 22 - 27.

[54] Scanlan R H. Role of indicial functions in buffeting analysis of bridges[J]. J

Structure Engineering, ASCE, 1984, 110(7).

[55] Scanlan R H. The action of flexible bridges under wind: Ⅰ. Flutter theory[J]. J Sound and Vibration, 1978, 60(2): 187 - 199.

[56] Kiviluoma R. Coupled-mode buffeting and flutter analysis of bridges. Computers and Structures, 1998, 70(3): 219 - 228.

[57] Clough R W, Penzien J. Dynamics of structures[M]. McGraw-Hill, NY, 1993.

[58] Agar T J A. Aerodynamic flutter analysis of suspension bridges by a modal technique[J]. Engrg Struct, 1989: 75 - 82.

[59] Agar T J A. Dynamic instability of suspension bridges[J]. Computers and Structures, 1991, 41(6): 1321 - 1328.

[60] Agar T J A. The analysis of aerodynamic flutter of suspension bridges[J]. Computers and Structures, 1988, 30(3).

[61] Miyata T, Yamada H. Coupled flutter estimate of a suspension bridge[J]. J Wind Engineering and Industrial Aerodynamics, 1990(33): 341 - 348.

[62] Miyata T, Yamada H. On a aplication of the direct flutter FEM analysis for long-span bridges[C]//Proc 9th Int Conf On Wind Engineering, New Delhi, India, 1995, 1033 - 1041.

[63] Starossek U. Complex notation in flutter analysis[J]. J Structure Engineering, ASCE, 1998, 124(8): 975 - 977.

[64] Boonyapinyo V, Yamada H, Miyata T. Wind-induced nonlinear lateral-torsional buckling of cable-stayed bridges[J]. Journal of Structural Engineering, ASCE, 1994, 120(2): 486 - 506.

[65] Boonyapinyo V, Miyata T, Yamada H. Advanced aerodynamic analysis of suspension bridges by stat-space approach[J]. J Struct Engrg, ASCE, 1999, 125 (12): 1357 - 1365.

[66] Boonyapinyo V, Miyata T, Yamada H. Analysis of cable-supported bridges under wind load, part Ⅰ: ultimate strength.

[67] Boonyapinyo V, Miyata T, Yamada H. Analysis of cable-supported bridges

under wind load, part Ⅱ: combined flutter and buffeting response in time domain.

[68] Sepe Vincenzo, Caracoglia Luca, D'Asdia Piero. Aeroelastic instability of long-span bridges: contributions to the analysis in frequency and time domains[J]. Wind and Structures, 2000, 3(1): 41-58.

[69] Jeffris W Q, Infield D G, Manwell J. Limitations and recommendation regarding the shinozuka method for simulating wind data[J]. Wind Engineering, 1991, 15(3): 147-154.

[70] Yang W W, Chang T Y P, Chang C C. An efficient wind field simulation technique for bridges[J]. J Wind Engineering and Industrial Aerodynamics, 1997 (67-68): 697-708.

[71] Zhong W X. Review of a high-efficiency algorithm series for structural random responses[J]. Progress in natural sciences, 1996, 6(3): 257-268.

[72] Chen X, Kareem A. Nonlinear aerodynamics analysis of bridges under turbulent winds: the new frontier bridge aerodynamics [J]. Advance in Structure Dynamics, 2000(1): 475-482.

[73] Chen Xinzhong, Kareem A, Matsumoto M. Multimode coupled flutter and buffeting analysis of long span bridges[J]. J Wind Engineering and Industrial Aerodynamics, 2001(89): 649-664.

[74] Chen Xinzhong, Kareem Ahsan. Nonlinear response analysis of long-span bridges under turbulent winds [J]. J Wind Engineering and Industrial Aerodynamics, 2001(89): 1335-1350.

[75] Chen Xinzhong, Matsumoto M, Kareem A. Aerodynamic coupling effects on flutter and buffeting of bridges[J]. J Engineering Mechanics, ASCE, 2000, 126 (1): 17-26.

[76] Chen Xinzhong, Matsumoto Masaru, Kareem Ahsan. Time domain flutter and buffeting response analysis of bridges[J]. J Engineering Mechanics, 2000, 126(1), ASCE, 7-16.

[77] Cao Y H, Xiang H F, Zhou Y. Simulation of stochastic wind velocity field on long-span bridges[J]. J Engrg Mech, ASCE, 2000, 126(1): 1-6.

[78] Ge Y J, Tanaka H. Aerodynamic flutter analysis of cable-supported bridges by multi-mode and full-mode approaches[J]. Journal of wind Engineering and Industrial Aerodynamics, 2000(86): 123-153.

[79] Lin Y K, Yang J N. Multimode bridge response to wind excitations[J]. J Engineering Mechanics, ASCE, 1993, 109(2): 586-603.

[80] Lin Y K, Li Q C. New stochastic theory for bridge stability in turbulent flow [J]. J Engineering mechanics, ASCE, 1993, 119(1): 113-127.

[81] Lin Y K. Motion of suspension bridges in turbulent wind[J]. J Engineering Mechanics Diversion, ASCE, 1979, 105(6).

[82] Lin Y K. Stochastic analysis of bridge motion in large-scale turbulent winds[J]. Proc. 5th Int. Conf. On Wind Engrg., 1979(2).

[83] Xu Y L, Sun D K, Ko J M, Lin J H. Buffeting analysis of long span bridges: A new algorithm[J]. Computers and Structures, 1998, 68: 303-313.

[84] Xu Y L, Sun D K, Ko J M, Lin J H. Fully coupled buffeting analysis of Tsing Ma suspension bridge[J]. J Wind Engineering and Industrial Aerodynamics, 2000(85): 97-117.

[85] Li Y, Kareem A. Simulation of multivariate random processes: hybrid DFT and digital filtering approach[J]. J Engineering Mechanics, 1993, 119(3): 1078-1098.

[86] Li Yousun, Kareem Ahsan. Simulation of multivariate random processes: Hybrid DFT and Digital filtering approach[J]. J Engineering Mechanics, ASCE, 1993, 119(5): 1078-1098.

[87] Huang Z, Chalabi Z S, Bedford U K. Use of time-series analysis to model and forecast wind speed[J]. J Wind Engineering and Industrial Aerodynamics. 1995 (56): 311-322.

[88] Chen Z Q. The three dimension analysis and behaviors investigation on the

critical flutter state of bridges[M]. Int symposium on cable-stayed bridges, 1994, shanghai.

[89] 埃米尔·希缪，罗伯特·H. 斯坎伦. 风对结构的作用-风工程导论[M]. 刘尚培，项海帆，谢霁明，译. 上海：同济大学出版社，1992.

[90] 曹映泓. 大跨度桥梁非线性颤振和抖振时程分析[D]. 上海：同济大学，1999.

[91] 陈政清，曾庆元，颜全胜. 空间杆系结构大挠度问题内力分析 UL 列式法[J]. 土木工程学报，1992，25(2)：34-43.

[92] 程进. 缆索承重桥梁非线性空气静力稳定性研究[D]. 上海：同济大学，2000.

[93] 程进，肖汝诚，项海帆. 大跨度桥梁非线性静风稳定性全过程分析[J]. 同济大学学报，2000，28(6).

[94] 丁泉顺，陈艾荣，项海帆. 大跨度桥梁多模态耦合颤振的自动分析[J]. 土木工程学报，2002，35(4).

[95] 丁泉顺，陈艾荣，项海帆. 空间杆系结构实用几何非线性分析[J]. 力学季刊，2001，22(3)：300-306.

[96] 丁泉顺. 大跨度桥梁耦合颤抖振响应的精细化分析[D]. 上海：同济大学，2001.

[97] 方明山. 超大跨度缆索承重桥梁非线性空气静力稳定理论研究[D]. 上海：同济大学，1997.

[98] 方明山，项海帆，肖汝诚. 超大跨径悬索桥空气静力非线性行为研究[J]. 重庆交通学院学报，1999，18(2)：1-7.

[99] 黄文，李明瑞，黄文彬. 杆系结构的几何非线性分析-Ⅱ三维计算[J]. 计算结构力学及其应用，1995，12(2)：133-141.

[100] 李国豪. 桥梁结构稳定与振动[M]. 北京：中国铁道出版社，1996.

[101] 李永君. 大跨度桥梁涡振二维计算模型及其实验研究[D]. 上海：同济大学，2004.

[102] 刘春华. 大跨度桥梁抖振响应的非线性时程分析[D]. 上海：同济大学，1995.

[103] 刘春华，项海帆，顾明. 大跨度桥梁抖振响应的空间非线性时程分析方法[J]. 同济大学学报，1996，24(4).

[104] 潘家英，程庆国. 大跨度桥悬索桥梁有限位移分析[J]. 土木工程学报，1994，

21(1).

[105] 同济大学土木工程防灾国家重点实验室. 西堠门大桥悬索桥抗风性能及风振控制研究——初步设计阶段研究报告[R],2003.

[106] 项海帆. 高等桥梁结构理论[M]. 北京：人民交通出版社,2001.

[107] 张若雪. 桥梁结构气动导数识别的理论和试验研究[D]. 上海：同济大学,1998.

[108] 张新军. 大跨度桥梁三维非线性颤振分析[D]. 上海：同济大学,2000.

[109] 张新军,项海帆,陈艾荣. 大跨度悬索三维颤振的非线性分析[J]. 土木工程学报,2002,35(5).

[110] 张志田,葛耀君. 悬索桥静动力特性分析的有限板壳单元法[J]. 结构工程师,2003,4(67):21-25.

[111] 钟万勰. 应用力学对偶体系[M]. 北京：科学出版社,2002.

附录　PBRW 程序类文件使用说明

前处理简介：

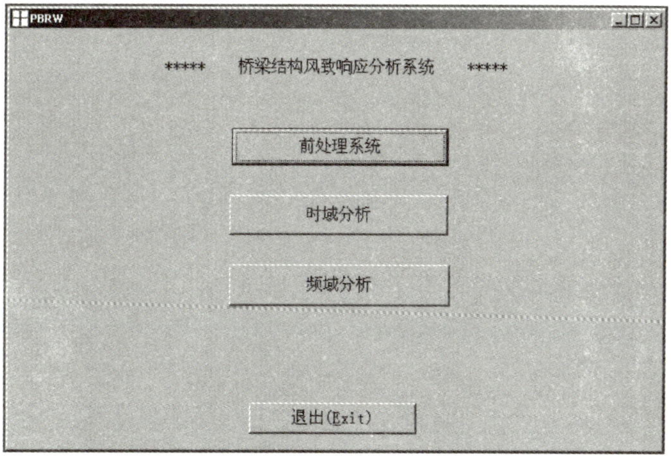

附图 1　PBRW 主界面

PBRW 程序包括三个方面的功能模块，前后处理系统 LSBSA、时域分析模块、频域分析模块。

时域分析模块可进行风场模拟，点击右下角响应计算按钮可进入附图 3 所示的时程分析对话框。

时程响应分析模块可计算结构线性与非线性动力有限元响应，可考虑静风力、抖振力、Scanlan 自激力模型，以及本文提出的气动刚度与气动阻尼

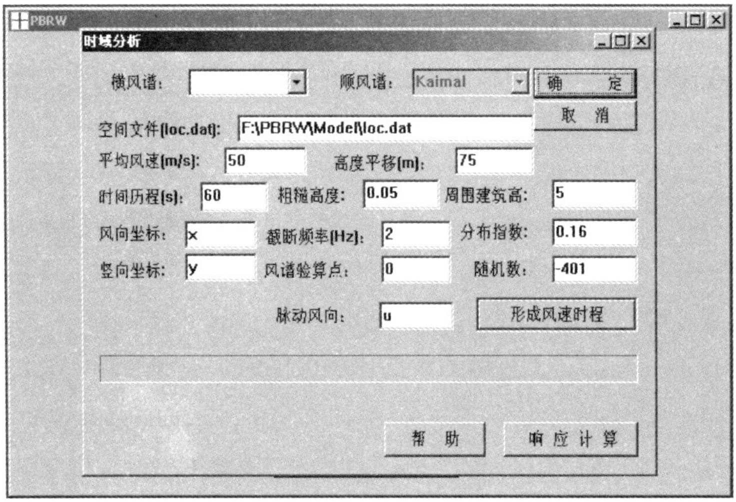

附图 2　时域分析模块

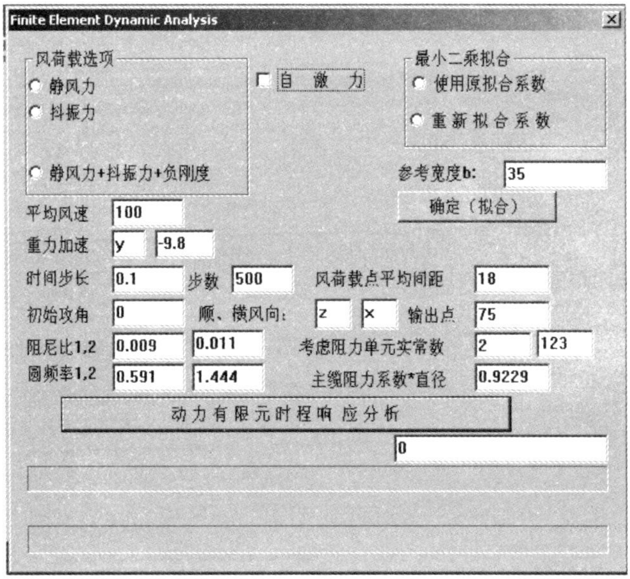

附图 3　时程响应分析对话框

模型，对于缆索承重结构，可考虑主缆与或者拉索的阻力，但要注意的是，此时主缆或者拉索的实常数必须是连续编号的。当自激力选项打开时，动力有限元自动采用线性算法。

对话框中所选点的动力响应时程数据将输出在结果文件 result. dat 中，有限元模型中所有结点的响应时程曲线将自动保存在结果文件 pbrw. rst 中。

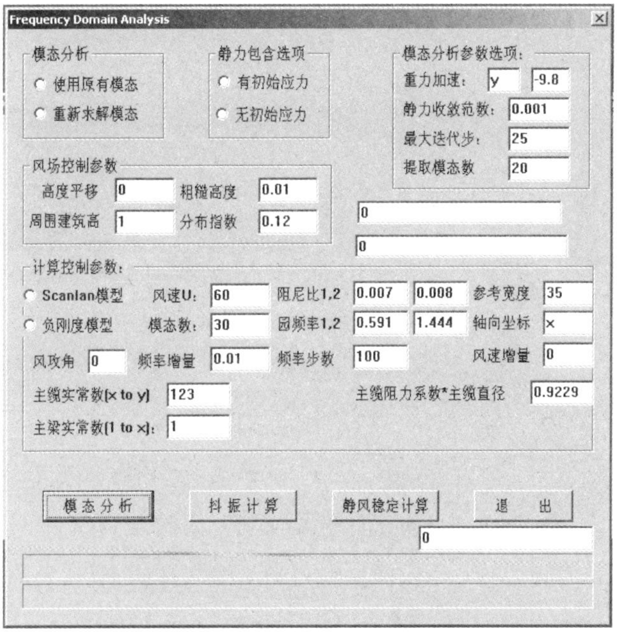

附图 4　频域计算对话框

频域计算功能模块是基于线性的算法，但可考虑初应力几何刚度矩阵的影响。频域计算模块有模态分析与基于振型叠加法计算静风稳定的功能。就抖振计算来说，可考虑三种计算模型，即 Davenport 抖振计算模型、Scanlan 颤抖振模型以及本书提出的修正模型，当 Scanlan 模型选项与负刚度模型选项都没有选中时，程序自动采用无修正即 Davenport 抖振计算模型进行计算。在静风稳定计算时，可考虑主缆阻力的影响。

有限元模型结点抖振响应的频域结果自动保存在结果文件 buffet. rst

中;模态分析的特征值(频率)将自动保存在结果文件 eigenvalue. dat 中,模态变形将自动保存在结果文件 Modeshape. dat 中;静风稳定计算结果即风速-模态位移曲线将自动保存在文件 Modcood. dat 中。

附图 5　前后处理系统 LSBSA 的主界面

LSBSA 是用 Visual Basic 开发的基于 AutoCAD 二次开发的软件,其中模型的建立完全按照 AutoCAD 绘图方法执行,但单元识别时,只能识别线单元与板壳单元,其他如三维体自动忽略。LSBSA 主要有以下几个功能: 模型网格划分、实体属性设置、生成单元(识别)、结点优化、边界条件设置、模型荷载施加与后处理。运行时,基本上可按从上到下的顺序执行。需要指出的是,结点优化这一步是非常重要的,它能显著提高计算速度。

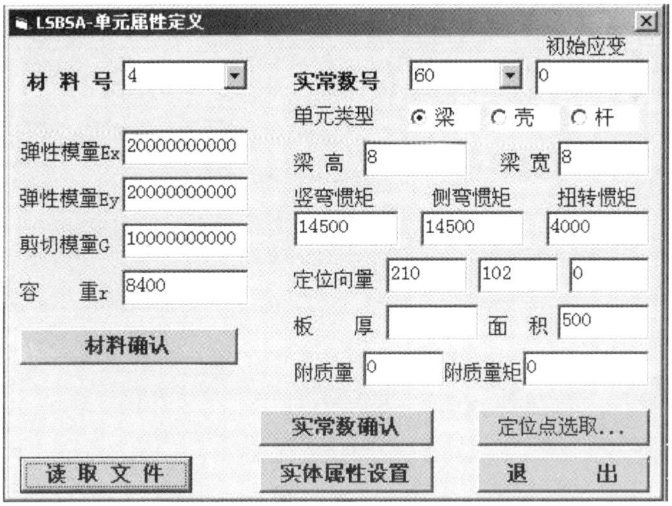

附图 6　实体属性设置与材料设置对话框

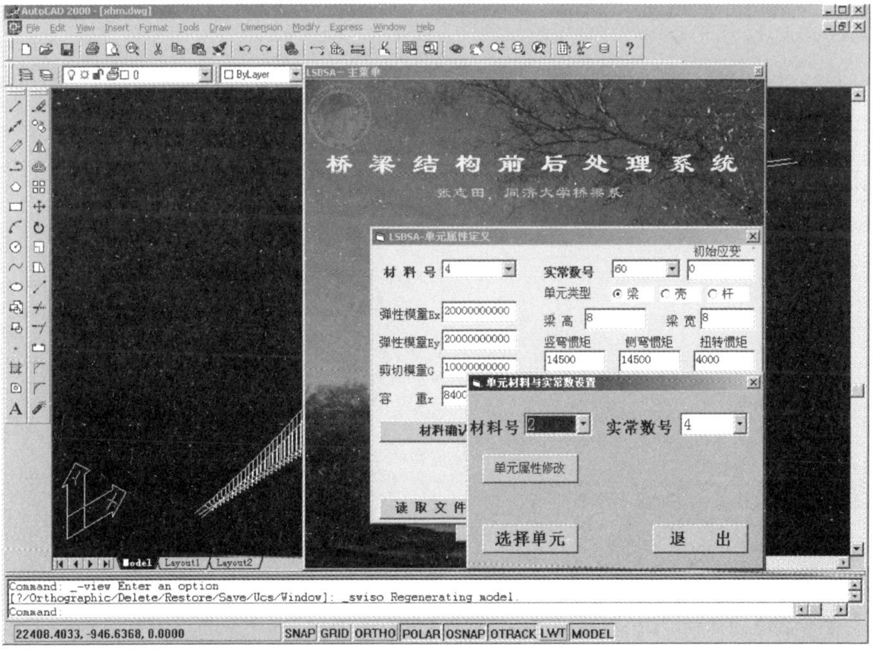

附图 7　在 AutoCAD 界面中对模型进行材料与属性设置

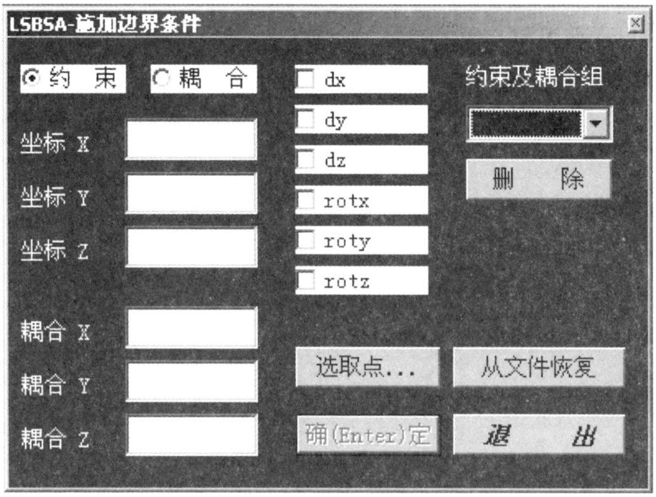

附图 8　边界条件施加对话框

可进行两种类型的边界条件施加,即约束与耦合。

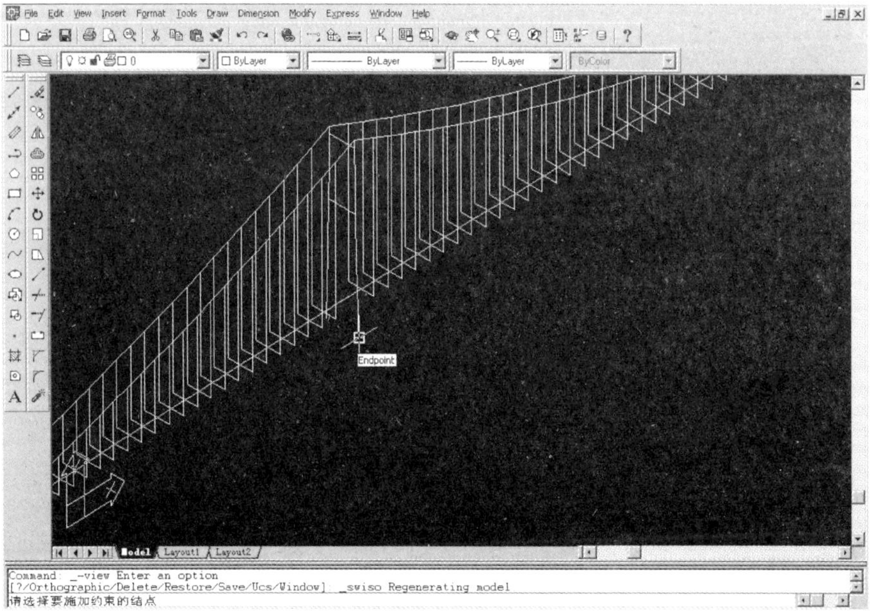

附图 9　选取边界点

按附图 8 的"选取点"按钮，即可切换到 AutoCAD 主界面对模型进行约束操作。点击需要的点后将如附图 10 所示。

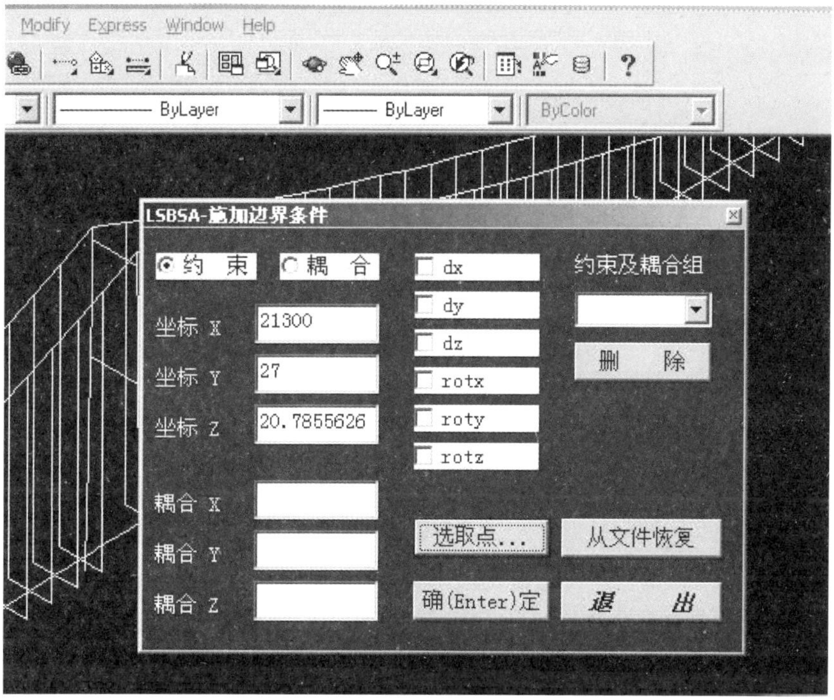

附图 10　边界条件确认

选中点后，附图 10 界面上会显示约束点或者主从结点的坐标，如无误

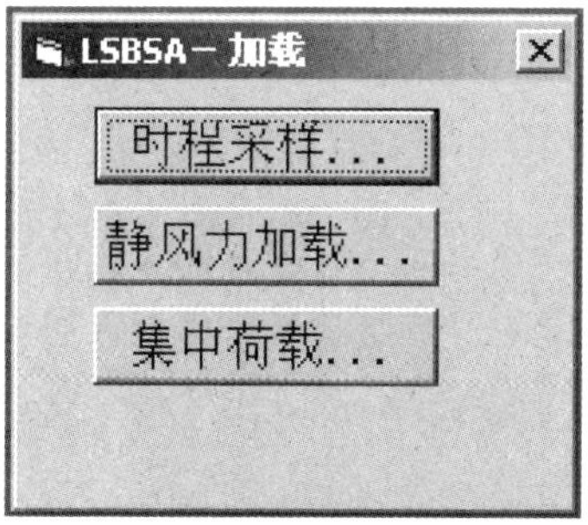

附图 11　加载对话框

选，按“确定”按钮，按“选取点”按钮继续操作。如果是修改上次的结果，则按“从文件恢复”按钮后，从“约束及耦合组”选择所要的点进行删除。

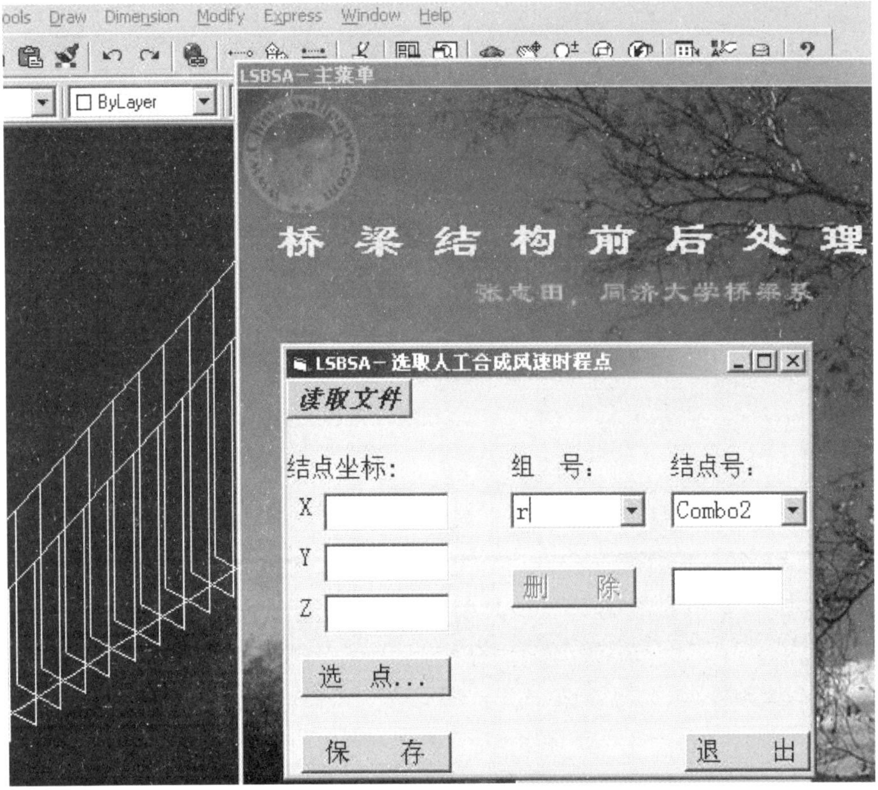

附图 12 采样点选取对话框

采样点确定后将用来模拟风场与抖振响应输出。如果是对上次保存的结果进行修改，则单击读取文件后，在组号中将出现所有保存的采样点的号码，点击任意点号，左边的文本框中将显示其空间坐标，右边的下拉式列表将显示该组号所对应的有限元结点号。如果要清除不需要的组号，点击下方的“删除”即可。如果要增加新的采样点，则点击“选点”按钮即可切换到 CAD 主界面对模型进行操作。

时域后处理器可查看模态变形、静力变形、按荷载步显示某一时候变

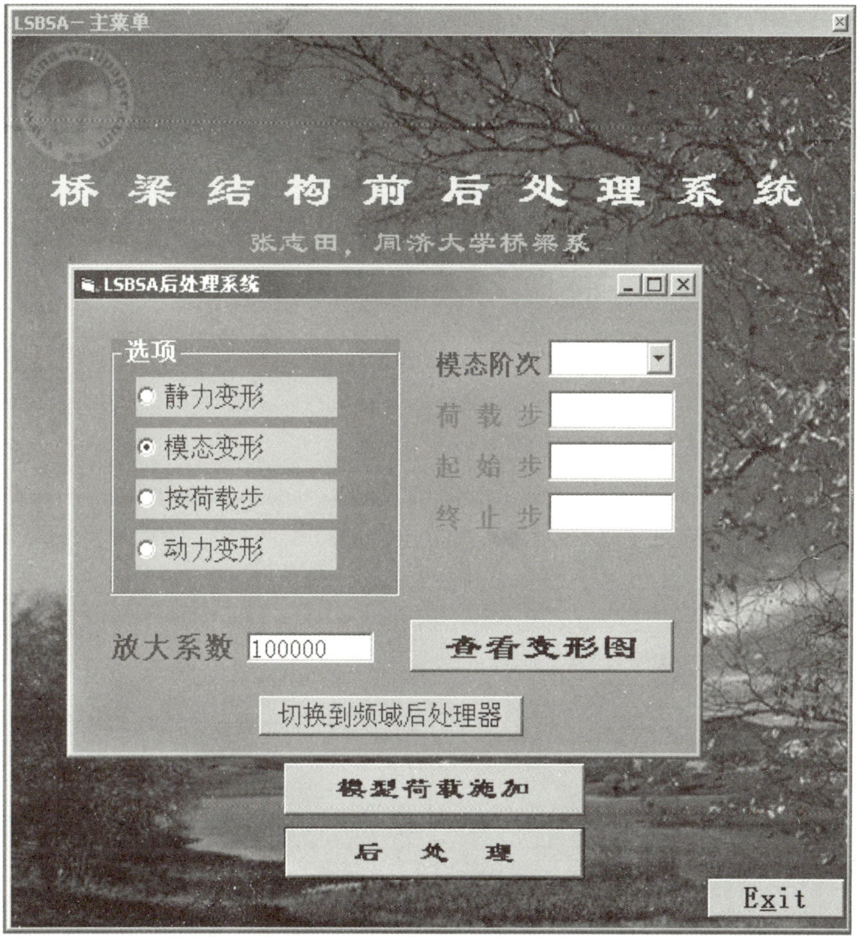

附图 13　时域后处理器

形以及动画显示，做动画显示时，须指出起始荷载步与终止荷载步。在查看变形图按钮执行之前，要确保前处理系统已经与 AUTOCAD 连接，否则程序会因出错而终止。

点击正下方"切换到频域后处理器"可进入附图 14 所示的对话框。

从频域后处理器的下拉式列表中，可以选择模型中已有的风荷载点并点击，右边的文本框中将显示所选采样点的竖向、侧向与扭转抖振响应方

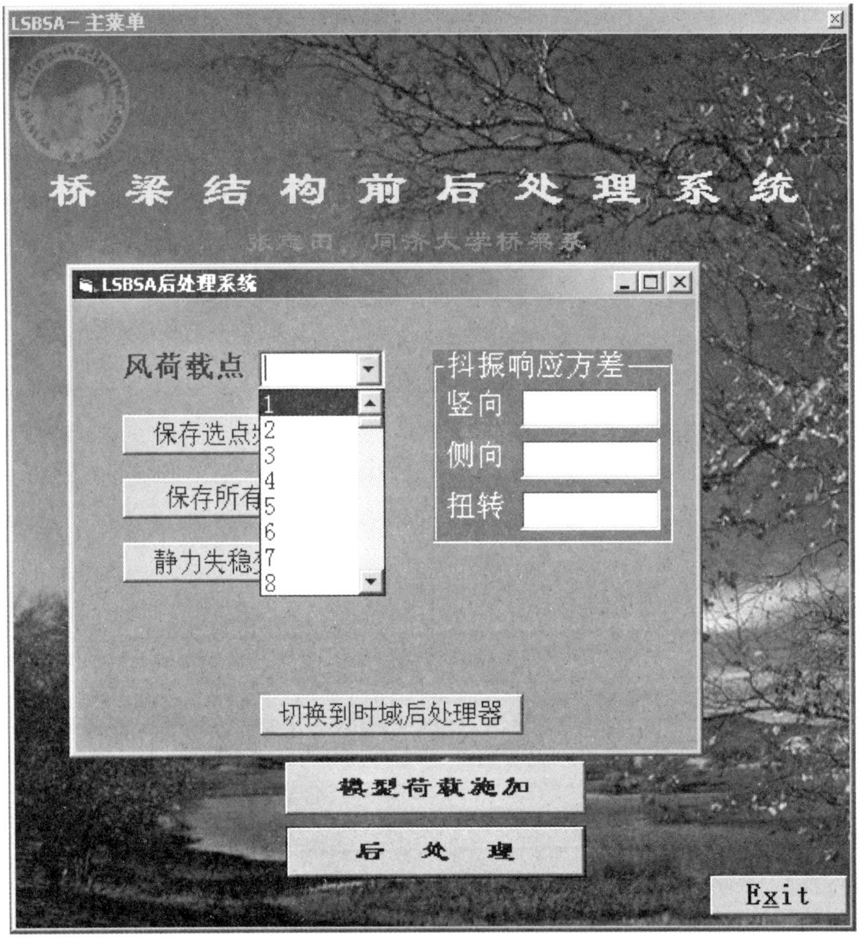

附图 14 频域后处理器

差。在下拉式列表下方有三个功能按钮，分别为保存所选点的频谱数据，其目标文件是 PointBuffet. dat；保存所有点的响应方差，其目标文件是 meansquare. dat；静力失稳变形查看的是按振型叠加法计算所得的失稳前变形曲线。

要注意的是，运行频域后处理器，如果不查看静力失稳变形图的话，可以脱离 AutoCAD 运动。

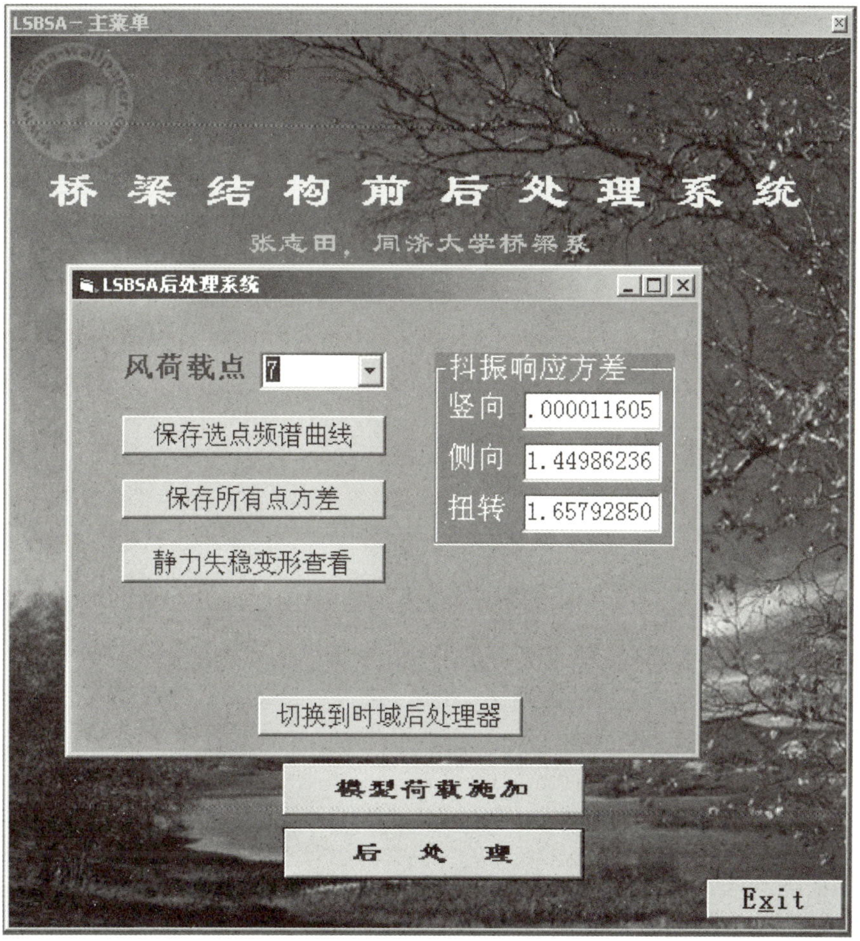

附图 15　查看选点抖振响应方差

风场模拟计算对话框类文件及变量说明：

m_coa：地表粗糙系数；

m_spect：功率谱模式选择项；

m_hoffset：空间文件竖向坐标到实际标高的平移值；

m_lfile：空间文件名字符串变量，带路径；

m_velocity：10米高处平均风速，与m_hoffset变量联合使用，则平移值m_hoffset=实际标高一文件竖向坐标；

m_vertco：模型(空间文件)与实际结构竖向相对应的坐标，其值为x，y，z；

m_windco：模型(空间文件)与风向相对应的坐标；

m_period：风速时程形成样本的时间长度；

TD：时域计算对话框对象；

m_coa_high：地表粗糙高度；

m_altitude：周围建筑物平均高度；

m_idum0：随机数种子；

m_freqmax：截断频率；

m_point：风谱验算点；

m_direct：合成脉动风方向选项；

double dw：频率增量；

double dt：时间步长；

AD：时程计算对话框变量。

时域计算对话框中OnButton2(时程形成子过程中变量表)：

int dim：需要形成时程的总结点数；

int* idum：随机数种子数组；

int n：风速时程的有限元结点号；

int sstotal：功率谱密度矩阵平方根分解次数；

int fftotal：时程中总时间段数；

double* den：预先定义的功率谱密度矩阵指针；

double* den0：初始功率谱密度矩阵，用于插值；

double x：结点x坐标；

double y：结点y坐标；

double z：结点 z 坐标；

node * head：结点 node 结构数组；

dim0：功率谱密度矩阵一维化长度；

tseries：脉动时程序列一维化数组；

ss：循环变量；

double high：高程变量，等于点竖向坐标加平衡移值；

double vs：剪切速度；

double dety：时程点竖向距离变量；

double detx：时程点横风向距离变量；

long int sum：tseries 数组中累计长度变量；

double * rand2pi：随机数数组变量；

double(* denfunc)(double, double, double, double)：函数指针，在顺风向与横风向功率谱计算函数间切换。

函数说明：

void Ctimedomain::OnButton1()：从对化框选择风谱形式，对部分对话框变量实行初始化。

void Ctimedomain::OnButton2()：谐波合成脉动风波。

double Ctimedomain::Kaimal_u(double v, double vshear, double hz, double high)：顺风向目标功率谱求解，参数分别为：实际风速、剪切速度、频率、高程。

double Ctimedomain::Kaimal_v(double v, double vshear, double hz, double high)：横风向目标功率谱求解，参数分别为：实际风速、剪切速度、频率、高程。

double Ctimedomain::cross(double v, double p1, double p2, double hz, double detx, double dety)：目标交叉谱求解，参数分别为：两点平均风速、

功率谱一、功率谱二、频率、横风向间距、高差。

double Ctimedomain::vshear(double v, double h_mean, double z, double z0):剪切速度求解,参数分别为:实际风速、周围建筑平均高度、点高程、粗糙高度。

double Ctimedomain::random(int& idum):产生随机数,参数为:随机种子。

double Ctimedomain::vmean(double m_velocity, node p):实际风速求解:参数分别为:10 m 高处平均风速、实际点坐标。

double Ctimedomain::vmean(double m_velocity, node p1, node p2):两点的实际风速平均值,参数分别为:10 m 高处平均风速、点一坐标、点二坐标。

void Ctimedomain::decompose(double * A, int n, int dim0):功率谱密度的平方根分解。

complex<double> Ctimedomain::psol(int p, int l, double H, double fi):谐波合成法的部分求解,为中间求解过程。

void Ctimedomain::fourtran(double * point, long int n, long int m):离散傅立叶正变换过程,检验合成脉动风功率谱与目标功率谱。

时程分析对话框类文件及变量说明:

时程计算对话框变量表:

m_minmethod:最小二乘法选择变量(提供使用以前计算的系数与重新计算系数两个选项);

m_refwidth:自激力表达式或缩减频率中的参考宽度;

m_accel:重力加速度失量;

m_direc:重力加速度方向;

m_alfa0:初始攻角;

m_numOfStep:时程分析荷载步;

m_Umean：主梁高程处平均风速；

m_winddirec：风向坐标；

m_detT：时程分析时间步长；

m_crossdirec：横风向坐标，也即桥轴向坐标；

m_temptext：提示文本变量；

m_d1：频率一的阻尼比；

m_d2：频率二的阻尼比；

m_w1：频率一；

m_w2：频率二；

m_staticforce：抖振力选项变量；

m_selfforce：自激力控制变量；

m_length：风荷载输入点平均间距。

void TimeAnalysis::OnButton1():

最小二乘法计算。

m_minmethod：选择变量，由对话框输入，为 1 时计算最小二乘法拟合系数，为 0 时从文件读入拟合系数；

nfd：数据点个数变量，对于两组不同的颤振导数，它的值通常不同；

coef.dat：输出文件，存放拟合出来的时域自激力表达式系数；

coe[6][4]：拟合系数数组，存放表达式分子系数，按列分为 4 组，分别表示 A1A4、A2A3、H1H4、H2H3 4 组试验数据的拟合结果。其中 coe[0][I]表示常数项，coe[1][I]、coe[2][I] 、coe[3][I]、coe[4][I]分别为有理函数项，coe[5][I]表示气动阻尼项。拟合过程中已经考虑了不同组宽度的修正；

d[4][4]：拟合系数数组，存放表达式分母系数，按列分为 4 组，分别表示 A1A4、A2A3、H1H4、H2H3 四组试验数据的拟合结果。

void TimeAnalysis::function (double a[][6], double fi[], double h1[], double h2[], double k[], double d[], int n)：最小二乘法方程计算函数。

void TimeAnalysis::optimization（double k[]，double h1[]，double h2[]，int n，double coe[]，double d[]）：采用增量法实现分母的非线性最小二乘法拟合，增量方法采用二阶增量方法。

void TimeAnalysis::tolerance（double coe[]，double k[]，double h1[]，double h2[]，double d[]，int n，double *tol）：求拟合结果与试验数据之间的累计总方差函数。

void TimeAnalysis::tolerance（double coe[]，double k[]，double h1[]，double h2[]，double d[]，int n，double *tol，int jj）：求最终拟合结果与试验数据之间的累计总方差函数，并输出拟合结果。

void TimeAnalysis::mreverse（double a[][6]，int n，int *err）：法方程矩阵求逆函数，返回其逆矩阵为该矩阵本身。

void TimeAnalysis::BeamMatrix（double matr[][12]，double le，double area，double iy，double iz，double it，double e，double g）：求梁单元的单元刚度矩阵，其中：

matr[][12]：单元刚度矩阵；

le：单元长度；

area：单元横截面积；

iy：局部坐标下单元竖向弯曲惯性矩；

iz：局部坐标下单元侧向弯曲惯性矩；

it：单元扭转惯性矩；

e：单元的抗拉弹性模量；

g：单元的抗剪弹性模量。

long int TimeAnalysis::MatrixDim（int* A，int n，int m）：求解一维变带宽存储的总体刚度矩阵维数，其中：

n：有限元模型的总单元数；

m：模型线性方程组的阶数，即二维总刚维数；

A：一维数组，存放二维总刚每列的非 0 元素半带宽。

void TimeAnalysis::LinkMatrix (double matr[][12], double le, double area, double e)：杆单元刚度矩阵形成，参数意义与梁单元同。

BeamLgMatrix (double matr[][12], double le, double fn)：梁单元几何刚度矩阵，其中：

matr[][12]：单元刚度矩阵；

le：单元长度；

fn：单元所受轴向力。

void TimeAnalysis::LinkLgMatrix (double matr[][12], double le, double fn)：杆单元几何刚度矩阵，参数同梁单元。

void TimeAnalysis::MatrixTransfer (double tran[][12], double x1, double x2, double x3, double y1, double y2, double y3, double z1, double z2, double z3)：形成单元坐标转换矩阵。其中 x1，x2，x3，y1，y2，y3，z1，z2，z3 分别为单元三定位点在总体坐标系中的坐标，12 为轴向，3 在竖向平面(XOZ)中。

void TimeAnalysis::stiffmatrix (double *mat, double *real, double *coor, long int* inf, double *a, double* grav, int* etype, int dys, int jds, double *vec_d, double *fvector, double *eforce, long int step, double* Trem)：集成整体刚度矩阵函数，其中：

*a：整体刚度矩阵；

etype：单元信息矩阵，即识别每个单元是板单元还是线单元；

dys：总单元数；

jds：总结点数；

*eforce：单元轴力数组，存储由变形引起的轴力，不包括初始轴力；

step：当前的荷载步；

* Trem：数组，存储所有单元的转换矩阵。

void TimeAnalysis::matrixMult（double a[][12], double b[][12]）：矩阵连乘函数，返回整体坐标系下的单元刚度矩阵。

void TimeAnalysis::readFiles（double * mat, double * real, double * coor, long int * inf, int * b, int * cop, int jds, int * k, int * point, int * numOfPoint, double fcoe[25][3], double scoe[10][4]）：读取前处理文件，其中：

* mat：材料数组，包含每组材料的弹性模量及容重；

* real：实常数数组，包含不同单元的实常数；

* coor：结点总体坐标数组；

* inf：总刚主对角元素在一维数组中记忆数组，两者关系为：

$$a[i][j]=a[inf[j]-abs(j-i)-1]$$

* b：总刚矩阵每列非 0 元素记忆数组，由它可计算 inf 数组；

* cop：约束及耦合信息数组；

jds：总结点数；

* k：约束及耦合组总组数；

* point：风荷载激励点结点号数组；

* numOfPoint：风荷载总激励点数；

fcoe[25][3]：静力三分力数组；

scoe[10][4]：自激力表达式最小二乘系数数组，前 6 行表示分子系数，分别为 a1、a3、a4、a5、a6、a2，后四行分别表示四个分母系数。四列分别表示四组试验数。

void TimeAnalysis::addBC（double * a, double * b, long int * inf, int * cop, int * numOfCoup）：总体刚度矩阵施加边界条件及耦合函数，其中：

* a：整体刚度矩阵；

* b：整体荷载列阵；

numOfCoup：约束及耦合组总组数，同 * K。

void TimeAnalysis::addBuffetForce1 (double * fvector, double * up, double * vp, double * vec_d, double fcoe[25][6], int * point, int numOfPoint)：在结点荷载列阵中增加达文波特抖振力，其中：

void TimeAnalysis::addBuffetForce2 (double * fvector, double * up, double * vp, double * vec_d, double fcoe[25][6], int * point, int numOfPoint)：在结点荷载列阵中增加全面考虑的准定常脉动力，其中：

void TimeAnalysis::addBuffetForce (double * fvector, double * up, double * vp, double * vec_d, double fcoe[25][6], int * point, int numOfPoint)：在结点荷载列阵中增加平均风引起的静风力，其中：

* fvector：结点荷载列阵；

* up：顺风向脉动风数组，包含所有激励点的顺风向数据；

* vp：横风向脉动风数组，包含所有激励点的横风向数据；

* vec_d：结点总体位移列阵；

fcoe[25][6]：三分力系数数组；

* point：风荷载激励点结点号数组；

numOfPoint：风荷载总激励点数。

void TimeAnalysis::addFlutterForce (double * fvector, double * vec_d, double * vec_v, double * result, double scoe[][4], int * point, int numOfPoint, int step, double * defh, double * defa, double * filter)：在结点荷载列阵中增加自激力，其中：

* vec_v：结点总体坐标速度向量；

* result：风荷载激励点的时程数组，包含每个加载点在每一时间步的侧向位移、竖向位移、竖向速度、扭转位移、扭转速度；

step：变量，当前累积的时间步；

* defh：历史竖向位移数组；

* defa：历史扭转位移数组；

double TimeAnalysis::additionForce（double *def, int step, double a[], double d[]）

自激力表达式中有理项积分的计算函数，其中：

*def：特定点到当前时候的位移时程，竖弯或者扭转；

step：当前经历的总时间步数；

a[]：自激力表达式中的有理项分子系数；

d[]：自激力表达式中的有理项分母系数；

void TimeAnalysis::OnButton2 (): 动力响应计算函数，其中主要参数如下：

double* mat：一维化的二维数组，存储材料性能；

double* real：一维化的二维数组，存储单元的实常数；

double* coor：结点坐标数组，存储每个结点的坐标；

int* cop：约束及耦合信息数组；

int numOfCoup：约束及耦合总数；

int numOfPoint：风荷载加载点总数；

long int* inf：一维变带宽存储的刚度矩阵记忆数组，为累积元素个数；

long int dim：一维总刚总长度；

int* info：一维变带宽存储的刚度矩阵记忆数组，为每列对角线及其上方非0元素个数；

int* etype：单元类型数组，识别板单元与线单元；

int* point：风荷载加载点结点号数组；

double* vec_d：时间步结束的位移列阵；

double* vec_v：时间步结束的速度列阵；

double* vec_a：时间步结束的加速度列阵；

double* dt：时间步开始的位移列阵；

double* vt：时间步开始的速度列阵；

double * at：时间步开始的加速度列阵；

double * up：顺风向脉动风数组，按加载点存放；

double * vp：竖向脉动风数组，按加载点存放，每一时间步更新；

double * fvector：结点荷载列阵；

double fcoe[25][6]：风轴坐标下静力三分力系数及其导数数组；

double scoe[10][4]：自激力时域表达的最小二乘法系数；

double * fself；

double * result：时程计算结果数组，存放风荷载加载点的计算结果，存储顺序为：按结点连续分配总时间步长的内存，在每一内存段内，按时间步存放该结点的侧向位移、竖向位移、竖向速度、扭转位移、扭转速度；

double * mass：总质量矩阵；

double * damp：总阻尼矩阵；

int dys，jds，temp，detj1，detj2：分别为总单元数，总结点数，总位移列阵自由度数，detj1、detj2 为方向识别的结果，根据它们可以自动识别出侧弯与扭转方向；

double * stiff：总体刚度矩阵；

dim：总体刚度矩阵的一维化大小；

double * grav：自重荷载数组。

void TimeAnalysis::Mat_Vec(double a[][12], double b[], int n)：单元局部坐标系下结点力或结点位移与整体坐标系下力或位移的转换函数。

void TimeAnalysis::massdamp（double * mass，double * damp，double * mat，double * real，double * coor，int * etype，int dys，int jds，int * point，int numOfPoint，double a0）：质量与阻尼矩阵生成函数。其中阻尼矩阵只包含有与质量矩阵有关的部分，还没有最终形成，在主程序中，整体刚度矩阵形成后，阻尼矩阵才最后形成。

void TimeAnalysis::decompose（double * A，int * b1，long int * b2，int n，long int dim)：一维变带度三角分解函数。

double *A：待分解的目标矩阵；

int *b1：变带宽记忆数组，存放每一列的带长；

long int* b2：记忆数组的，存放按列的累积长度；

int n：矩阵维数；

long int dim：矩阵一维化长度。

void TimeAnalysis::solve (double *A，double *vec_d，double *f，int *b1，long *b2，int n)：解方程函数，求出位移。

double *A：分解后的矩阵；

double *vec_d：待求位移向量；

double *f：荷载向量；

int *b1：变带宽记忆数组，存放每一列的带长；

long int* b2：记忆数组的，存放按列的累积长度；

int n：矩阵维数。

void TimeAnalysis::Mat_Vec (double a[][12]，double b[])：矩阵与向量相乘函数。

频域分析对话框类文件及变量说明：

m_staticoption：初始应力包含选项；

m_modeloption：模态分析选项；

m_step：几何非线性迭代的最大迭代步数；

m_helptext：提示文本变量；

m_direc：重力加速度方向；

m_accel：重力加速度大小；

m_cvgnorm：静力有限元计算的位移收敛范数；

m_numOfModes：模态分析中需要提取的模态；

m_Umean：10 米高处平均风速；

m_NumOfMode：抖振计算选择模态数；

m_d1：阻尼比一；

m_d2：阻尼比二；

m_w1：频率一；

m_w2：频率二；

m_width：参考宽度；

m_aix：主梁轴向坐标；

m_real：主梁断面实常数；

m_coa：风剖面分布系数；

m_coahigh：风场粗糙高度；

m_high：周围建筑平均高度；

m_hoffset：有限元模型结点竖向坐标与实际高度的差距；

m_detw：频率增量；

m_fstep：频率步数；

m_attack：平均风有效初始攻角；

m_MethodOption：抖振模型控制变量，−1 为达文波特方法，0 为斯开轮方法，1 为负刚度方法；

m_cab1：主缆实常数 1；

m_cab2：主缆实常 2；

m_drag：主缆阻力系数；

m_detV：风速增量，只对静风稳定分析有效。

void FDomain::OnButton1()：模态分析按钮。

double * mat：材料号数组；

double * real：实常数号数组；

double * coor：结点坐标数组；

int * cop：耦合信息数组；

int numOfCoup：耦合组数；

int numOfPoint：风荷载输入点数；

long int * inf：整体刚度矩阵一维记忆数组，按列累积长度；

long int dim：整体刚度矩阵一维化长度；

int * info：整体刚度矩阵一维记忆数组，列长度；

int * etype：单元类型数组；

int * point：风荷载点对应结点号数组；

double * vec_d：结点位移向量；

double * eforce：单元轴向力数组；

double * fvector：结点模型列向量；

double * mass：结构质量矩阵；

double * defl：结点位移向量；

double fcoe[25][6]：三分力数组；

long int dys，jds：总单元数与结点数；

double convergence：模态精度控制参数；

double * stiff：整体刚度矩阵数组；

double * grav：自重荷载向量。

<u>void FDomain::stiffmatrix</u>（double * mat，double * real，double * coor，long int * inf，double * a，double * grav，int * etype，int dys，int jds，double * vec_d，double * fvector，double * eforce，long int step）：集成整体刚度矩阵函数，其中：

* a：整体刚度矩阵；

etype：单元信息矩阵，即识别每个单元是板单元还是线单元；

dys：总单元数；

jds：总结点数；

* eforce：单元轴力数组，存储由变形引起的轴力，不包括初始轴力；
step：当前的迭代步。

void FDomain::matrixMult (double * stiff, double * b, double * c, long int * inf, int * info, long int dim0, int dim1)：模态分析中的矩阵相乘函数。

double * stiff：模态分析中的动力刚度矩阵；
double * b：初始模态数组；
double * c：缩减刚度矩阵；
long int * inf：一维变带宽记忆数组，按列累积长度；
int * info：一维变带宽记忆数组，列长度；
long int dim0：总自由度数；
int dim1：提取模态数；

void FDomain::matrixMult (double a[][12], double b[][12])：矩阵相乘函数。

void FDomain::addBC (double * a, double * b, long int * inf, int * cop, int * numOfCoup)：边界条件施加函数，变量说明见时域说明。

void FDomain::readFiles (double * mat, double * real, double * coor, long int * inf, int * b, int * cop, int jds, int * k, int * point, int * numOfPoint, double fcoe[25][6])：说明见时域。

void FDomain::massmat (double * mass, double * mat, double * real, double * coor, int * etype, int dys, int jds, int * point, int numOfPoint)：质量矩阵形成函数，后两个参数在这里没有用处，其他见时域说明。

void FDomain::decompose (double * A, int * b1, long int * b2, int n, long int dim)：一维变带度三角分解函数。

double * A：待分解的目标矩阵；

int *b1：变带宽记忆数组，存放每一列的带长；

long int* b2：记忆数组的，存放按列的累积长度；

int n：矩阵维数；

long int dim：矩阵一维化长度。

void FDomain::solve (double *A, double *vec_d, double *f, int *b1, long *b2, int n)：解方程函数，求出位移。

double *A：分解后的矩阵；

double *vec_d：待求位移向量；

double *f：荷载向量；

int *b1：变带宽记忆数组，存放每一列的带长；

long int* b2：记忆数组的，存放按列的累积长度；

int n：矩阵维数。

void FDomain::Mat_Vec (double a[][12], double b[])：矩阵与向量相乘函数，最后参数返回结果。

void FDomain::Mat_Vec (double a[][12], double b[], int c)：矩阵与向量相乘函数。

void FDomain::mreverse (double a[][108], int n, int *err)：二维矩阵求逆矩阵函数。

void FDomain::modeinitial (double *mass, double *stiff, double *inimode, long *inf, int modnum, int jds)：子空间迭代法中形成初始迭代向量的函数。

double *mass：质量矩阵；

double *stiff：刚度矩阵；

double *inimode：初始迭代向量数组；

long *inf：一维变带宽记忆数组，按列累积长度；

int modnum：参加迭代的模态数；

int jds：总结点数。

void FDomain::jacobi(double a[108][108], int n, double d[], double v[108][108], int& nrot)：雅可比法求矩阵特征值及特征向量函数。说明见 C++常用数值算法集,科学出版社。

void FDomain::subspace(double *inimode, double *stiff, double *mass, double jocd[], int modnum, long jds, long *inf, int *info, long int Mdim, int* cop, int* numOfCoup, int numofmode)：子空间迭代求特征向量函数。

double *inimode：初始向量数组；

double *stiff：刚度矩阵；

double *mass：质量矩阵；

double jocd[]：特征值数组；

int modnum：参加迭代的特征向量数；

long jds：总结点数；

long *inf：一维变带宽记忆数组,按列累积长度；

int *info：一维变带宽记忆数组,列长度；

long int Mdim：总体刚度矩阵一维化长度；

int* cop：此处无用；

int* numOfCoup：此处无用；

int numofmode：提取的模态数。

void FDomain::c_mreverse(complex<double>* a, int n, int *err)：复数范围内的一维存储的二维矩阵逆函数。

void FDomain::OnButton3()：抖振响应求解按钮。

double* vector：模态数组,保存所需要的模态形状；

Double a0, a1：阻尼常数；

scoe[8], fcoe[25][6], KM[3]：分别为气动系数、三分力数组与三分力；

double * aerodamp：气动阻尼矩阵；

double * aerostiff：气动刚度矩阵；

complex<double> * Eij：复状态矩阵；

complex<double> * Eco：复状态矩阵的共轭矩阵；

double * SQb：荷载的功率谱密度矩阵；

double * Sm：响应的功率谱密度矩阵；

double * coor：结点坐标数组；

double * freq：模态频率数组；

double * result：风荷载点抖振计算谱密度数组；

double *spect_u，*spect_v，*spect_c，*length：分别为气动力输入单元的顺风向、横风向及交叉谱密度矩阵与单元长度矩阵；

double hz：扫频变量；

long int dim：总自由度数与计算模态数的乘积；

int * etype：单元类型数组；

int *point：风荷载点结点号数组；

int * orient：定位向量数组；

int *ori：缩减单元的定位向量数组；

int points：风荷载点数；

int reducedDys：缩减单元数；

int MaxNumOfMode：最多可用模态数；

int jds，dys：总结点数与单元数。

void FDomain::aerodampstiff（double * damp，double * stiff，double * vector，double *coor，double * freq，doublescoe[]，int numofmode，int jds，int dys，int * etype，int * orient）：气动阻尼与气动刚度形成函数。

double * damp：气动阻尼矩阵；

double * stiff：气动刚度矩阵；

double * vector：模态数组，保存所需要的模态形状；

double * coor：结点坐标数组；

double * freq：模态频率数组；

doublescoe[]：气动导数

int numofmode：模态数；

int jds：总结点数；

int dys：总单元数；

int * etype：单元类型，0 为壳单元，1 为梁单元；

int * orient：定位向量。

void FDomain::neostiff (double * stiff, double * vector, double * coor, double * freq, double KM[], int numofmode, int jds, int dys, int * etype, int * orient, int op, int oy, int ox, int oa, double Ve)：负刚度计算函数。

double * stiff：气动刚度矩阵；

double * vector：模态数组，保存所需要的模态形状；

double * coor：结点坐标数组；

double * freq：模态频率数组；

KM[3]：三分力；

int numofmode：模态数；

int jds：总结点数；

int dys：总单元数；

int * etype：单元类型，0 为壳单元，1 为梁单元；

int * orient：定位向量；

int op：侧向方向；

int oy：竖向方向；

int ox：轴向方向；

int oa：扭转方向；

double Ve：风速。

void FDomain::derivative（double scoe[]，double Umean）：气动导数插值函数。Umean 为 10 米高度平均风速，**这里没有精确考虑高度换算对风速的影响**。

void FDomain::DampRead（double *d1，double *d2，double Umean）：阻尼插值函数，Umean 为 10 米高度平均风速，**这里没有精确考虑高度换算对风速的影响**。

double FDomain::Kaimal_c（double v，double vshear，double hz，double high）：交叉谱计算函数。

double FDomain::Kaimal_u（double v，double vshear，double hz，double high）：顺风向目标功率谱求解，参数分别为：实际风速、剪切速度、频率、高程。

double Ctimedomain::Kaimal_v（double v，double vshear，double hz，double high）：横风向目标功率谱求解，参数分别为：实际风速、剪切速度、频率、高程。

double FDomain::cross（double v，double p1，double p2，double hz，double detx，double dety）：目标交叉谱求解，参数分别为：两点平均风速、功率谱一、功率谱二、频率、横风向间距、高差。

double FDomain::vshear（double v，double h_mean，double z，double z0）：剪切速度求解，参数分别为：实际风速、周围建筑平均高度、点高程、粗糙高度。

double FDomain::modecal_u（double *vector，double *spect_u，double *length，int *ori，int jds，int dys，int mi，int mj，int di，int dj，double hz）：顺风向广义功率谱计算函数。

double *vector：模态数组，保存所需要的模态形状；

double *spect_u：顺风向广义功率谱矩阵；

double *length：单元积分长度；

int *ori：缩减单元即有气动力单元的定位向量；

int jds：总结点数；

int dys：总单元数；

int mi，int mj：分别为两阶模态数；

int di，int dj：分别为两个位移方向数；

double hz：频率。

double FDomain::modecal_v（double *vector，double *spect_v，double *length，int *ori，int jds，int dys，int mi，int mj，int di，int dj，double hz)：横风向广义功率谱计算函数。

double FDomain::modecal_c（double *vector，double *spect_c，double *length，int *ori，int jds，int dys，int mi，int mj，int di，int dj，double hz)：广义共相功率谱计算函数。

void FDomain::spectralCal（double *spect_u，double *spect_v，double *spect_c，double *coor，int *etype，int *orient，int jds，int dys，int oy，int ox，double *length，int *ori，int reducedDys，double hz)：风荷载点功率谱密度矩阵计算函数。

double *spect_u：水平谱；

double *spect_v：竖向谱；

double *spect_c：共相谱；

double *coor：结点坐标；

int *etype：单元类型；

int *orient：定向向量；

int jds，int dys：结点与单元总数；

int oy，int ox：竖向与横风向坐标；

double *length：单元积分长度；

int ＊ori：缩减单元即有气动力单元的定位向量；

int reducedDys：缩减单元数；

double hz：频率。

void FDomain::dysCal （int ＊etype，int ＊orient，int dys，int ＊reducedDys)：缩减单元计算函数。

void FDomain::pointCal（int ＊point，int points，int dh，int dp，int da，int jds，double ＊vector，double ＊sm，double ＊result)：荷载点位移响应谱密度积分函数。

int ＊point：荷载点结点坐标；

int points：荷载点总数；

int dh，int dp，int da：竖向、侧向与扭转方向；

int jds：结点数；

double ＊vector：模态数组；

double ＊sm：广义坐标功率谱矩阵；

double ＊result：荷载点位移响应功率谱。

void FDomain::OnButton4()：静风稳定计算按钮。

Ve：迭代风速，这里精确考虑了高度换算对风速的影响；

double＊ fvec：广义力；

＊ModCood：广义位移；

int dh，dp，da：竖向、侧向与扭转位移方向；

int OutputNum：输出的模态数；

double＊ vector：模态数组，保存所需要的模态形状；

fcoe[25][6]，KM[3]：分别为三分力数组与三分力；

double＊ aerostiff：气动刚度矩阵；

double＊ coor：结点坐标数组；

double＊ freq：模态频率数组；